PHP
Business Shinsho

思いつきを価値あるアウトプットに変える

思考の手順

Tagahiko Tanaka
田中　耕比古

PHPビジネス新書

はじめに――「考える」とは何なのか

「考える」とは何なのか。改めて問われてみると、いまいちピンとこない。イメージするのが難しい。

もちろん、こうして活字を読んでいるということは、すでに脳を使っています。だから、「考えている」と言えるようにも思えます。

しかしながら、多くの人が、職場などで「もっと考えなさい」と言われています。そうすると、「脳を使っている」と「考えている」は別物なのかもしれないな、と気づきます。

では、そういった職場などにおいて求められている「考える」とは、果たして、どういうことなのでしょうか。

例えば、晩ご飯のことを思い浮かべているだけなら、おそらく「考えて」はいない。

一方、「今夜の晩ご飯に何を作ろうか」ということについて、

「今日の昼食では何を食べたか」

「昨日の夕食には何を食べたか」

「近いうちに何か特別な予定（例えば、家族で温泉旅行に行く、誕生日にお寿司を食べに行く、など）があるか」

「家族は、どんな食べ物が好きか」

などということにまで思考を巡らせているのならば、それはきっと「考えて」います。

つまり、**何かしらの目的があり、その目的のために自身の持つ様々な知識を総動員して、答えを導き出そうとする。そういう姿勢が、「考える」ということ**になります。

このように定義すると、「漫然《まんぜん》と思う」と「考える」の間に線を引くことができます。

「思う」ではなく、「考える」という言葉を使うときに、同じ意味を込めることができます。

晩ご飯のことを何となく思い浮かべているだけではなくて、一緒にご飯を食べる人の喜びのため（あるいは、あなたの喜びを最大化するため、でもかまいません）に、どんな料理を作ったり、買い求めたりするのかについて、過去の経験や未来の予定、そして対象となる人の食の好みなどの「知識」を用いて、より良い答えを探すことが、「考えている」ということなのではないでしょうか。

そして、そういう**「知識を用いて目的達成を目指す」という姿勢になっているかどうかが「思考の深さ」**になるのではないか。

本書では、「考える」を、そういう**「目的達成のために、全力で脳をフル活用すること」**と定義して、話を進めていきます。

思いつきを価値あるアウトプットに変える
思考の手順——目次

第3章 思考を客観視する技術

第4章 思考スピードを上げる技術

第5章 相手のことを考えながら、伝える

第1章

思考は、積み上げるもの

「天から降ってくる」をアテにしない

「もっとしっかり考えなさい」
「もっと深く考えなさい」
そういう指摘を受けたことが、誰しもあるでしょう。

あなたがしっかりと考えたのかどうかは、外から見ていてもわかりません。それにもかかわらず、そうした「もっと考えるべきである」というような指摘が出てくるのは、相手が、あなたの提示したアウトプットを見て、「十分に考えられていない」と判断したということになります。

ここでアウトプットと表現しましたが、具体的には、発言内容であったり、文章であったり、パワーポイントなどの資料であったり、そういった「外部から見て内容を理解できる何か」という風に捉えてください。

そもそも、**考えるという行為は、自分の中で完結させても、あまり意味がありません。**考えた結果、生み出された何かが存在し、それを自分の外側、つまり社会や組織に向けて発信することによって、価値が生み出されます。

そのように、価値を生じさせるためのプロセスとしての「考える」を行ったが、出てきたアウトプットに価値を感じられない、という状況が、「もっと考えてほしい」という周囲からの指摘につながっています。

こういう指摘を受ける人は、多くの場合、考える手順を理解していません。あるいは、考えることに手順があるということを認識してすらいないのです。また、考えるにあたって、目指すべきゴールを曖昧《あいまい》にしていることも多い。そういう場合は、いくら本人が時間をかけて考えたつもりでも、ただ、ぼんやりと「思って」いただけで、何も整理されていない、ということになります。

良い考えというものは、天から降ってくるものではありません。手元にある、様々な

図1-1　アイデアが浮かんだだけでは、考えたことにならない

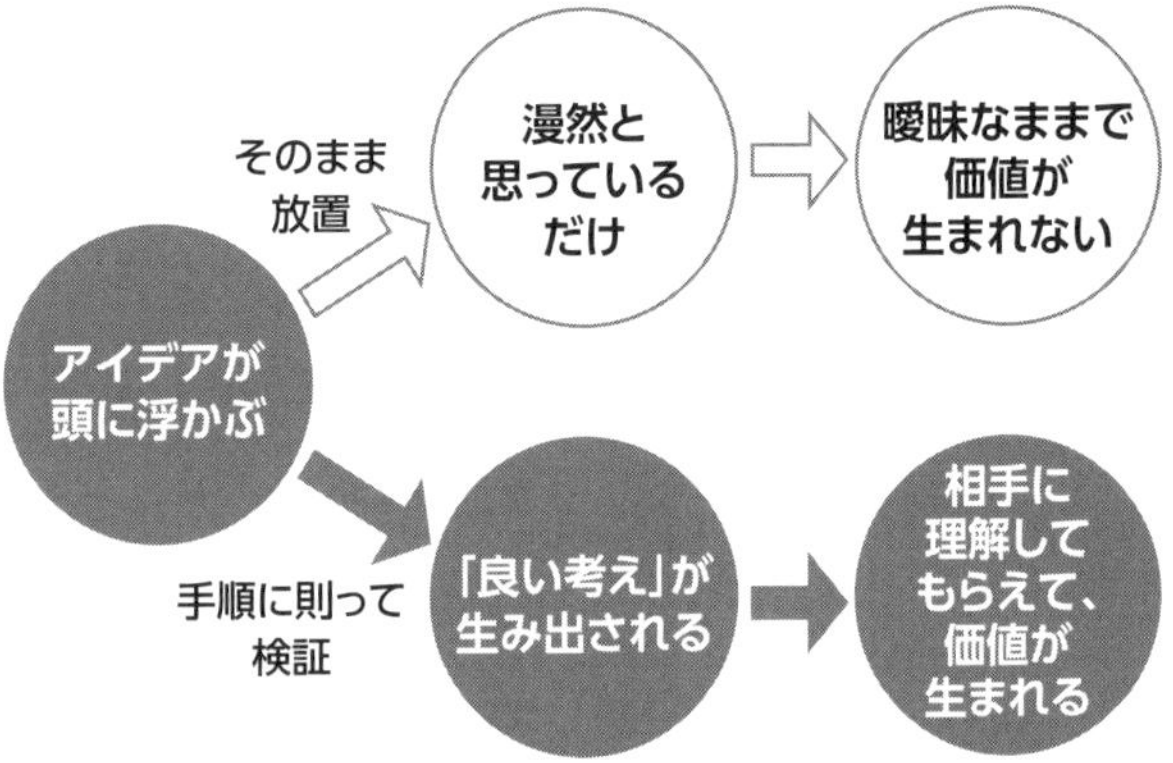

アイデアが頭に浮かぶ
そのまま放置
漫然と思っているだけ
曖昧なままで価値が生まれない
手順に則って検証
「良い考え」が生み出される
相手に理解してもらえて、価値が生まれる

情報を整理・体系化し、もしも足りない情報があれば調べたり聞いたりしなければなりません。そして、矛《む》盾点《じゅんてん》がないか、トレードオフの関係にあるものがないか、などについて見極めていく必要があります。そうした**手順を経て、生み出されたアウトプットが「良い考え」になる**のです。

考えている人、考えをまとめられる人は、決して、運を天に任せたりはしません。自分の考える力を最大限に用いようと努力します。また、一度作ったアウトプットで満足することもありません。自分で読み返したり、誰かに見せて意見をもらったり、テキストで書いたものを図示してみたり、様々な手段で、アウトプットを磨き上げていきます。

考えるという行為は、飽《あ》くなき探求活動です。

「ちょっと思いついた」とか、「なんだか良い感じだと思う」とかいった曖昧な状態では、考えたとは言えません。「この目的を果たすためにはこれだけの選択肢があり、その中でも、これこれこういう理由で、この選択肢を選ぶべきだ」というように、自分以外の誰かに説明し、内容を相手に理解してもらえる状態まで持って行かねばなりません。

この状態が「再現性がある状態」です。「どのような理由で、その結論に至ったのか」が明確になっていて、自分がその場にいなくても、考えを再現することができる状態です。

ここに至るためには、**頭に浮かんだアイデアをそのまま放置するのではなく、しっかりと検証していく**姿勢が求められます。「論理構成がおかしくないか」「突っ込みどころはないか」と、自分で自分に問いかけながら、何度も何度も、頭の中で練り直していくのです。

いわゆる、考えを煮詰《につ》めるという行為ですね。時間をかけて、手間暇《てまひま》をかけて、考えを育てていくわけです。

このようにして検討が重ねられることにより、おかしな部分もなく、また、何かしら新しい内容が組み込まれた「再現性のある、良い考え」が生み出されます。

少し面倒だなと感じるかもしれません。もっと楽な方法はないものか、と思う人もいるでしょう。しかし、「考えられる人」と「考えられない人」を分けるものは、まさにこの部分です。探究心を持ち、自分自身と向き合える人が「考えられる人」なのです。

思考＝過去の蓄積＋論理的な組み立て

「よし。考えるとは、探求なのだな。では、しっかり何度も繰り返し考えようじゃないか」と思い立ったとしても、いきなりは始められません。

考える際に、何一つ知識がない状態、何も情報がない状態からは、スタートできません。考えるという行為は、知識や情報を使いながら、少しずつ積み上げていく作業です。

また、言うまでもないことですが、「何を考えるのか」「何のために考えるのか」という、テーマや目的も存在しないといけません。

テーマや目的もなく、そして、手元に十分な情報もない状態では「考える」ことはできません。それこそ、ただ「思う」だけになってしまいます。

例えば、テーマが「夕食のメニュー」、目的が「一緒に食事する相手が喜ぶこと」だとしましょう。

その場合、考えるために必要な情報は、

「相手がどんな食べ物が好きか」
「嫌いな食材はあるか」
「相手は昨日や今日の昼に何を食べたのか」
「明日以降、何か決まっている食事の予定はあるか」、また、「それは何を食べる予定なのか」

などになります。

そもそも、喜ばせたい相手が嫌いな食べ物は避けるべきでしょう。一方で、いくら好きな食べ物でも、昼食と同じメニューだとつまらないでしょうし、昨日や明日の夕食と同じというのも避けたいところです。

そうしてメニューにアタリをつけた上で、ほかの情報も加味して考えを深めます。

外食なのか、自宅で作るのか、あるいは出前を取るのかについて、何かしらの制約条件があるかどうか。例えば、「お互いの親密度から考えて、外食しかあり得ない」という場合には、ほかの選択肢は消えます。

価格帯や、「お酒を飲むのかどうか」なども、いろいろな情報をもとに考えていくことになります。

こうして、**様々な情報を集め、それらを組み合わせながら、目的達成のために思考を積み重ねていくことが「考える」という作業です。**

もう一つ、別の例で考えてみましょう。

今度のテーマは「新商品開発」、目的は「新規顧客層の開拓」です。

「急に複雑になった」と感じるかもしれませんが、やることは同じです。どんな情報が必要か洗い出して、それらを整理していきましょう。

「新商品開発なんてやったことがない」という人でも、考えるという作業を行う上では、特に支障はありません（もちろん、「良い商品を生み出せるかどうか」は、また別のお話ですけれども）。


さて、「新商品」ということですが、まずは「どういうジャンルの商品なのか」が前提情報として必要です。食品なのか、日用品なのか、自動車や住宅のような耐久消費財か、あるいは、保険などの金融商品なのか、スマートフォンアプリなどのソフトウェアなのか。これがクリアにならないと、考えることができません。ここでは、仮に「アルコール飲料」としておきましょう。

続いて、「新規顧客層」です。新規ということは、既存のお客さんがいるはずです。

それが誰なのかが明らかになっている必要があります。とりあえず「40代以上の男性」「主にサラリーマン」が既存のお客さんということにしておきましょう。つまり、新規顧客層は「30代以下の若い男性」「全年齢層の女性」「サラリーマンではない男性」などが考えられます。

新規顧客層を、もう少し細かく捉えてみましょう。職業で言えば「学生」は男女問わずにターゲットとして定義できそうです。また「若い勤《つと》め人《にん》」も男女共に対象にできます。「40代以上の女性」というのも大きなマーケットかもしれませんね。

このように、いくつかの区分に分けてみると、今度は「どの区分の人たちが、お酒を飲みそうか」という情報が欲しくなります。すでに飲んでいる人を狙っても良いですし、これまで飲んでいない人が新たに飲んでくれることを目指してもかまいません。しかしながら、お酒を飲むニーズが皆無《かいむ》の人たちに対して、新商品を出しても買ってくれる見込みは低いので「飲んでくれる可能性がある層」を見定めておく必要があります。

その情報を得るために、アンケートを取ったり、インタビューを行ったり、書籍や雑誌などの文献を集めたりしていくことになります。消費者理解のための情報収集です。

ここでは、調査の結果、「若い勤め人」が「平日に自宅で一杯飲みたいが、二日酔いになって翌日の仕事に響くのが嫌だ」という風に考えていることがわかったとしましょう。それはつまり、「軽く飲めて気持ちよく酔いつつ、次の日に二日酔いになりにくい」という商品が求められている、ということになります。

そうすると、

・アルコール度数が低い、飲みやすい商品はどうか
・アルコール度数は高めだが、量が少ない商品はどうか
・アルコール飲料と一緒に飲む「チェイサー（一般的には水）」をセットにしてはどうか
・二日酔いになりにくい、ウコンやオルニチンなどの肝臓の働きを助ける成分を配合する、もしくは、セット販売するのはどうか

などといったアイデアが出てきます。

今度は、それぞれのアイデアについて、

・本当に、ターゲットである「若い勤め人」のニーズが満たせているか?
・その商品は、味や製法の面で、実現可能なのか?
・似たような商品がすでにあったり、過去にあったが売れなくてやめてしまったりはしていないか?

などの情報が欲しくなります。アイデアの検証作業のための、情報収集を行うわけですね。

どうでしょう。こういう手順が示されれば、未経験者でも新商品開発にチャレンジできるように思えませんか。

このように**「正しい手順に則《のっと》って、浮かんだ疑問を解消するために必要な情報を集めながら、思考を積み上げていく」ことが、まさに「考える」ということです。**

図1-2　考えるためには、テーマ・目的・情報が必要

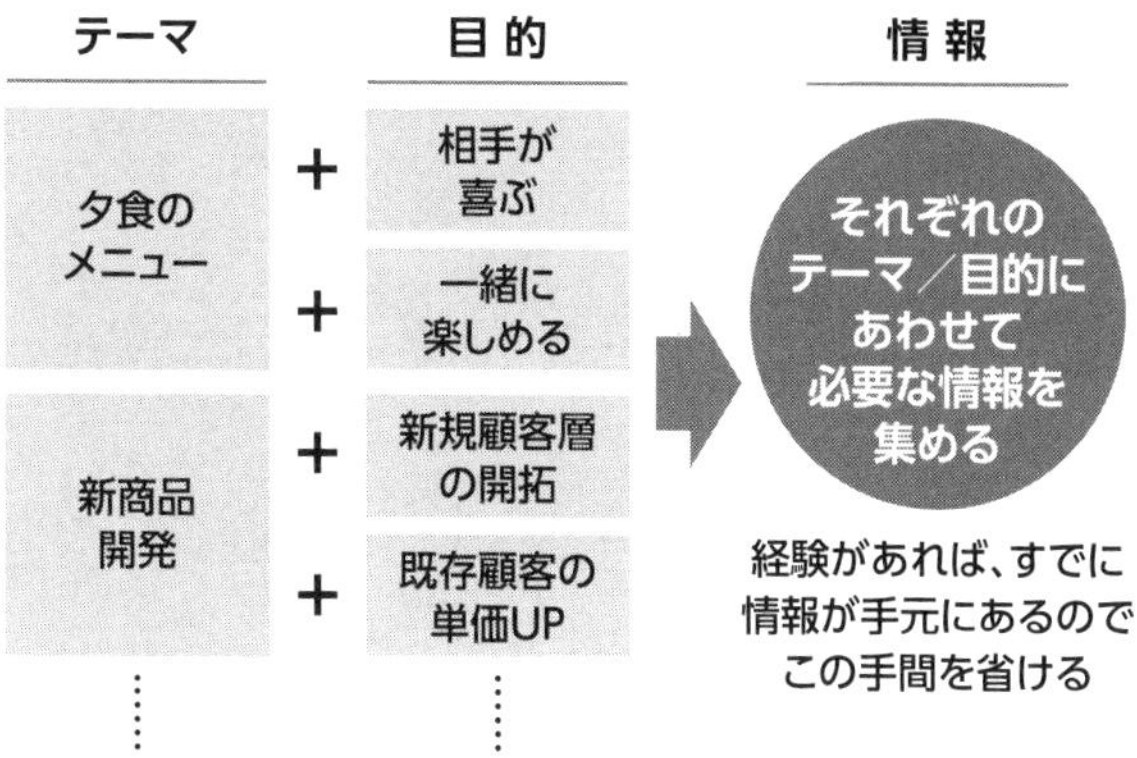
テーマ
目的
情報
夕食のメニュー
相手が喜ぶ
一緒に楽しめる
新商品開発
新規顧客層の開拓
既存顧客の単価UP
それぞれのテーマ／目的にあわせて必要な情報を集める
経験があれば、すでに情報が手元にあるのでこの手間を省ける

なお、ここで一つポイントになるのは、**情報をすでに持っている人は、集める手間が省《はぶ》ける**、ということです。新商品開発であれ、夕食のメニューであれ、テーマが何であっても、その領域の経験が豊富な人、その領域を学んだことのある人は、情報をたくさん持っています。そうした経験のない人は、知識があまりありませんから、あらゆることを調べなければなりません。

また、経験があれば、「どんな雑誌を読めば良いか」「どういう著者の本を読めば良いか」「どういう検索キーワードで調べれば良いのか」などにも精通していますから、効率良く情報にアクセスできます。

考える能力は、必ずしも業界経験の多さとは比例しないのですが、経験がある人の方が有利なのは、これまでに蓄積された情報量に依《よ》るところが大きいのです。

最初からスピードを求めない

「うまく考えるためには、手順を追って思考を積み上げていくことが大切だ」と前節で述べました。しかしながら、この大切なことを、多くの人は疎《おろそ》かにしてしまいます。なぜなのか。答えは極めて単純です。「面倒くさいから」です。

決められた手順に従って、順を追って考えていくのは、非常に面倒くさいのです。そんな面倒なことをするよりも、ぱっと頭に浮かんだこと、思いついたことに飛びついた方が、楽ちんです。また、そうする方が、時間がかかりません。時間を費《つい》やし、面倒くさい思いをして、新しい情報を調べるような労力までかけて考えていくなんて、誰もやりたくないのです。

また、仕事の現場においては、時間をかけることが難しいという事情もあります。

「何をもたもたしてるんだ」「いつまでも椅子《いす》に座ってないで、早くやれ」「遅い！　質問にはすぐに答えろ」などという指摘を受けるケースもあるでしょう。そんな環境下で、時間をかけて、労力をかけて、手順通りに考えるなんて、できることなら避けたいと思うのが普通です。

しかし、**だからこそ、手順を追って考えることを、私は強くおすすめしたい**のです。

何事も、最初からうまくできる人はいません。

例えば、マニュアルミッションの自動車の運転は、なかなか難しいものです（最近では運転したことのある人が少なくなってしまったかもしれませんが、昔は、車の運転といえばマニュアルミッションが当たり前でした）。オートマティックの場合、手でハンドル操作を行いながら、足を使って「アクセル」を踏んで加速し、「ブレーキ」を踏んで減速するというシンプルな行動で運転できますが、マニュアルミッションの場合は、ここに「クラッチ」という3つめのフットペダルが加わります。左足でクラッチを踏み込んで、左手で「シフトレバー」を操作し、ギアを入れ替えていくという作業が、加速時や、減速時、あるいは停車する際に必要になります。

この操作は、最初のうちは非常に困難です。この操作に失敗するとエンスト（エンジン・ストップ）が発生し、エンジンが止まってしまいます。また、ギアチェンジの際には、半クラ（半クラッチ）という状態を作らないといけません。これは、「左足でクラッチを踏み込んでシフトレバーを動かした後に、クラッチの踏み込み具合を半分程度にコントロールしながら、右足でアクセルを適度に踏み込んでエンジンの回転数を合わせる」という、文章で書くと「いったい何をやっているのかよくわからない」操作です。

この操作の難易度がとても高いので、最初のうちは、エンストを繰り返します。また、ギアチェンジの際に、ガリガリガリッと大きな音を立てて「へたくそだな」という目で同乗者に見られたりします。

この状態では、本来、運転の巧拙《こうせつ》を決めるはずの「ハンドル操作」「速度操作」というところに100％の集中力を向けることができません。「上手に運転して、安全かつ早く目的地にたどり着きたい」という目的を果たしたいのに、その手前のシフト操作の部分で苦労してしまうのです。

しかしながら、一度、このシフトチェンジの手順を身につけてしまえば、話は変わってきます。ほぼ無意識で、体が動くようになります。頭の中で「1速に入れて発車する」とか、「2速から3速に入れて、スムーズに加速する」とか、「4速で走行しているところから、一気に2速に落としてエンジンブレーキをかけて減速する」とか、そういうやりたいことをイメージすれば、細かいクラッチの踏み込み度合いや、アクセル操作による回転数調整などを意識することなく、自然とギアを入れ替えることができるようになります。

こうなると、運転時の意識の大半を「ハンドル操作」「速度操作」に振り向けることができます。もともと目指していた「上手な運転」を、やっと実現できるわけです。

楽器の演奏でも同じです。例えばギター。どの弦《げん》をどう押さえるのか。その際の指の形はどうあるべきか。Fが難しくて挫折《ざせつ》した、というような話もよく聞きますよね。最初のうちは、手元を見ながら、狙った弦をしっかり押さえられているか確認する必要があります。また、指の角度や手首の向き、力の入れ方などもうまくいきません。姿勢がゆがんでしまって、見た目も格好《かっこう》良くない、というようなことになります。

この状態では、演奏に集中できません。音の強弱をコントロールしたり、弦を揺らしてビブラートをかけたりするような、情緒的な演奏を行う余裕はないでしょう。まずは、基本的な演奏技術である「狙った弦を、狙ったタイミングで、正しい指で、正しい手の角度で押さえる」ということを身につける必要があります。上手な演奏は、その次のステップです。


体の使い方がそうであるのと同様に、頭の使い方、脳の使い方もそうなのです。**最初に苦労して身につけたことは、無意識のうちにできるようになります。**そして、脳の動きには身体的制約が少ないため、どんどん反応速度を上げていくことが可能です。

『攻殻機動隊』という、漫画を原作としたアニメシリーズをご存じでしょうか。あの作品世界における「電脳」では、物理的な限界を超えた速度で演算処理を行い、思考を深めることができます。特に、主人公の少佐こと草薙素子《くさなぎもとこ》の思考速度は人間の領域を遥かに上回っていると言えます。もちろん、それはフィクションだからできることであり、現実にはまだ「電脳」も実現されていません（研究している方はいらっしゃいます）。しかし、それでも、人が持つ思考能力の速度上限は、今、私たちが日々感じているそれよりは、数段速いものなのはまちがいないと思います。

基本を身につけるのは、時間がかかります。一朝一夕《いっちょういっせき》で効果を実感するのは難しいかもしれません。しかし、**一度身につけてしまえば、手順を追うことに脳のリソースを使う必要もなく、また、速い速度で情報を処理することができます。**

また、しっかりと手順を追って疑問を見出し、それを解消するために情報を集めていく。これを繰り返すことは、知識を増やすことにつながります。前節で述べたように、知識が多ければ、考える作業の効率が良くなりますので、それだけでも、思考の質を落とさずに、考える速度を向上させることができます。

まずは、面倒くさがらず、基本に忠実に「手順を追って考える」ことに注力しましょう。

図1-3　面倒くさくても、まずは基本をしっかり身につけよう

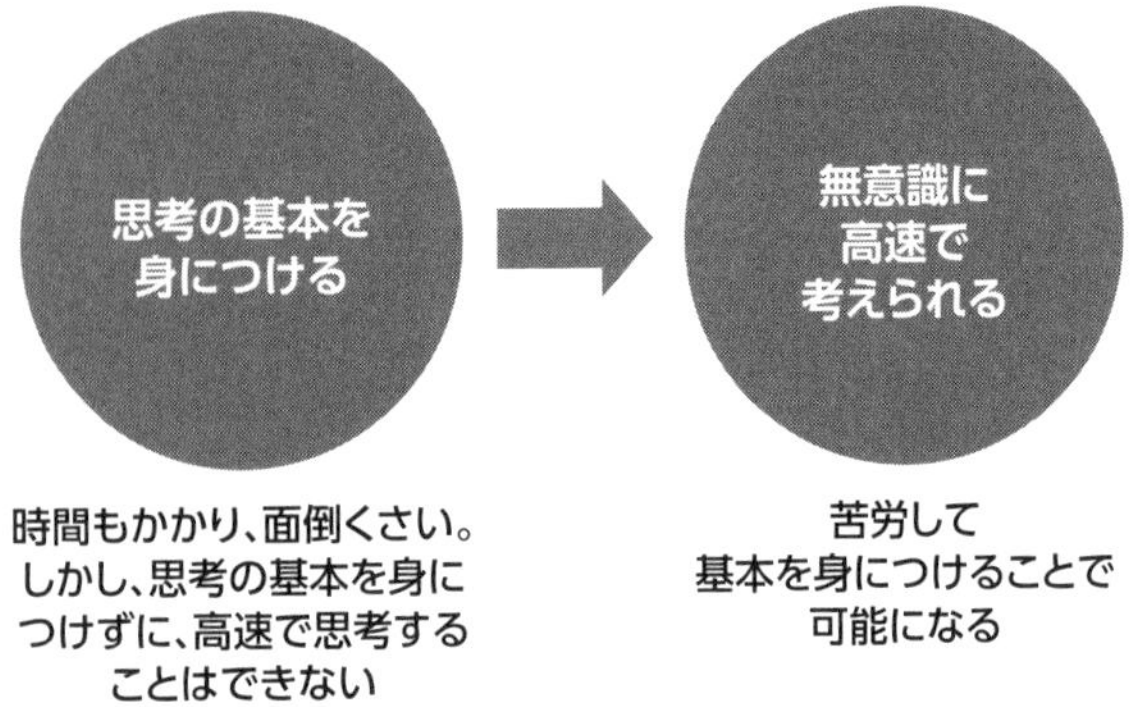
思考の基本を身につける
無意識に高速で考えられる
時間もかかり、面倒くさい。しかし、思考の基本を身につけずに、高速で思考することはできない
苦労して基本を身につけることで可能になる

　そして、そうして身につけた思考手順を、徐々に高速処理ができるように鍛えていくのです。

　速く走るためには、まずはゆっくりとしたペースで、走るフォームを確認すべきです。そして、その手前にある「歩く」あるいは、「立つ」を疎かにしてはいけません。赤ちゃんが、高速移動を求めて「高速ハイハイ」を編み出すのは、なかなか微笑《ほほえ》ましいものではありますが、理想的な移動方法とは言えませんよね。

　しっかり立つ、しっかり歩く、きれいに走る、そして、速く走る。その順番でいきましょう。

第2章

「思いついた！」を「考えた！」にする技術

「思いつき」を「思いつき」のままにしない

「考える」という行為は、情報の積み上げによって実現されます。それと対極に位置するのが「思いつく」です。

もちろん、新しいアイデアが降りてくることはあります。直感的なひらめきが、物事の本質を見事に突いていることもあります。しかし、そういう素晴らしいアイデア、直感的なひらめきが、本当に優れたものであるのかどうかは、様々な角度から検証されてみないと、判断できません。

よく考えられたものと、単なる思いつきを分けるのは、根拠の有無です。思いつきには根拠がありませんから、「なぜ、そう思うのか」「本当に、そうなのか」という問いに答えられません。思いつき・アイデアに対して、考えるという作業を行うことで、その根拠を明らかにしていくことができます。

図2-1　「考える」と「思いつく」は対極にある

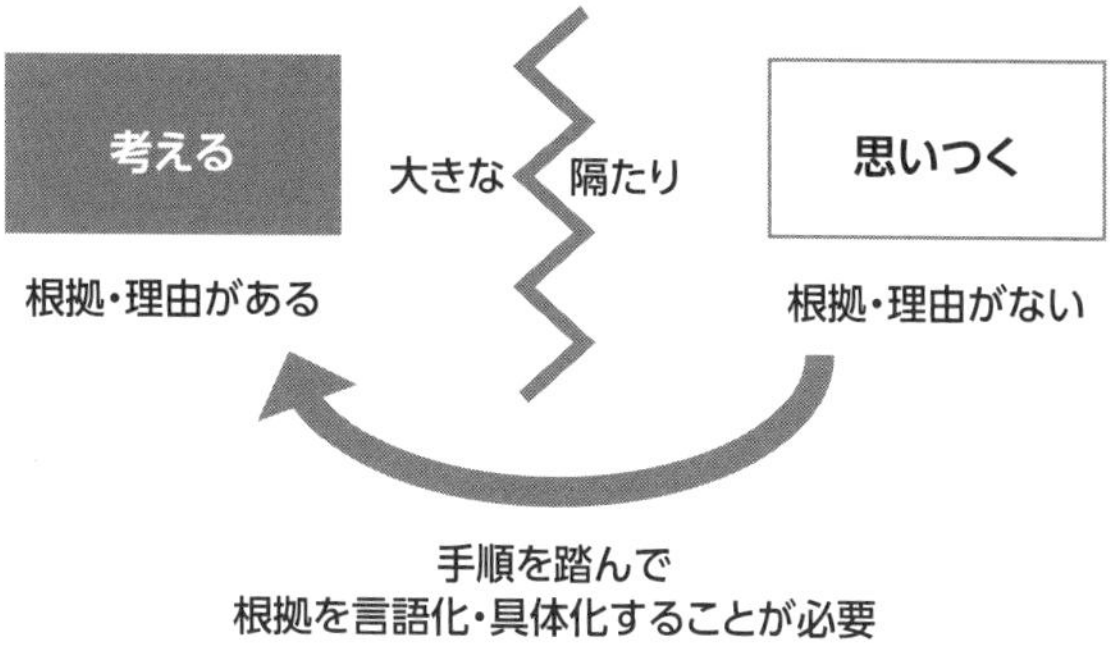
考える
大きな
隔たり
思いつく
根拠・理由がある
根拠・理由がない
手順を踏んで
根拠を言語化・具体化することが必要

「思いついた！」を「考えた！」にする一連の手順が、考える技術なのです。

もちろん、前章でも述べたように、経験に裏打ちされた豊富な知識があれば、自分の中に蓄積されている情報を用いて、迅速《じんそく》に考えを深めていくことが可能です。そのため、経験豊富な人や、知識が潤沢《じゅんたく》にある人は、「思いついた！」の時点で、その背後に、ある程度明確な根拠・理由を持っていることも多いはずです。

しかしながら、たとえそうであったとしても、その**思いつきの根拠を言語化し、ほかの人に説明し、理解してもらえる状態まで持って行く必要があります。**

この言語化のためには、やはり、定められた手順を踏んで、しっかりと考えていくことが求められます（なお、当然ながら、そうした有識者・経験者の考える速度は、とても速くなり、場合によっては一瞬で終わることもあるかもしれませんが、それでも、思考の手順は守っていることが多いと私は思います）。

では、再三述べている「考える手順」とは、どういうものなのでしょうか。

私は、**着想→具体化→構造化→情報補完→取捨選択**という風に捉えています。

やはり最初は、着想、すなわち、何かを思いつくことから始まります。何かしらテーマがあり、そして何かしら目的があるところで、「こういうことなんじゃないか」「これが良いのではないか」「こうしたら良さそうだ」などと思いつくことがスタートです。

その思いつきをそのままにしておかず、より具体的なもの・詳細なものにしていくのと同時に、集めた情報との関係性を紐解《ひもと》いて、構造的に整理していくことが肝要です。これができるかどうかが、深く考えられる人と、そうではない人の大きな境目《さかいめ》になると言えます。

図2-2　考える手順（全体像）

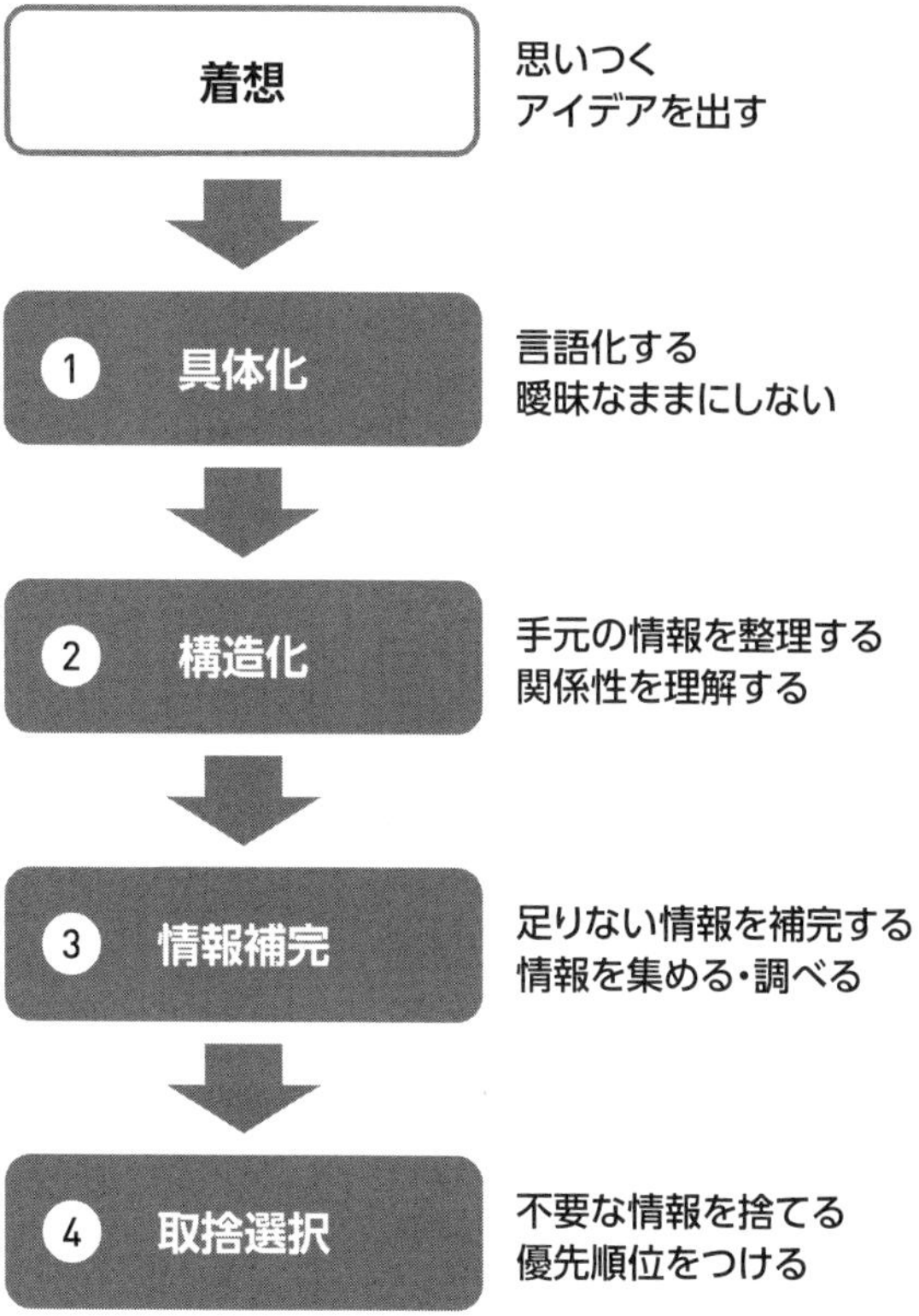
着想
思いつく
アイデアを出す
1 具体化
言語化する
曖昧なままにしない
2 構造化
手元の情報を整理する
関係性を理解する
3 情報補完
足りない情報を補完する
情報を集める・調べる
4 取捨選択
不要な情報を捨てる
優先順位をつける

具体化により情報量が増え、また、それらが構造的に整理されてくると、多くの場合、目的達成のためには、まだまだ足りない情報があると気づきます。また、場合によっては、似たような情報がたくさんあったり（重複）、論理的に相反《そうはん》する情報が含まれていたり（矛盾）もします。こうしたことに気づき、それを解消していくことが、次のステップになります。

　ここまでくれば、最初に頭に浮かんだ「思いつき」は、吟味《ぎんみ》を重ねた思考結果になっていることでしょう。ここで手を止める人も多いのですが、もう一歩踏み込んで、情報の取捨選択をしていくと、思考を研ぎ澄ませることにつながります。

　取捨選択という表現を使うと「取る」と「捨てる」の両方に意味があるように感じるかもしれませんが、**大切なのは「捨てる」こと**です。「何を捨てるか」を決められれば、自動的に何を残すか（つまり、何を取るか）が決まります。優先順位をつけて、捨てるべき情報を決めましょう。

　目的を達成するにあたり、言わなくて良いこと、伝える必要のないこと、あるいは、考慮する必要のないことなどは「不要な情報」として捨てます。そして、残った情報の中でも、必須ではないもの、重要度の低いものは、補足情報として切り出しておきます。

こうすることで、あなたの「思いつき」は、「目的を達成するために、過不足のない状態」、すなわち「考え抜かれた状態」になっていくのです。

この手順は、一度で終える必要はありません。途中まで進んでから、一つ前の手順に戻ってもかまいません。最後まで行っても、もう一度、最初から考え直すのも素晴らしい試みでしょう。

目的を果たせるように情報を積み上げていく作業は、想像力が求められると同時に、創造性を試される活動です。「考える」というクリエイティブな活動は、飽くなき探究心で支えられています。

「これくらいで良いかな」と、早々《そうそう》に考えることをやめてしまっては、せっかくのあなたの想像力、創造性を活かす場面が減ってしまいます。そんなもったいないことは、極力、避けたいものですよね。

考える手順❶「具体化」と考える手順❷「構造化」

さて、何かを「思いついた！」となってから、その内容についてしっかりと考えていこうとするときに、最初に行うべきは、情報の具体化と構造化です。

情報の具体化とは、頭の中にあるイメージを、言語化していく作業、言葉・文章として書き出していく作業です。「情報を太らせる」と言い換えても良いでしょう。自分の頭の中にぼんやりと浮かんでいることにいろいろな情報を足し合わせながら、誰かほかの人に説明し、わかってもらえるように、具体的な表現にしていってください。

この時点では、何かを調べる必要はありません。頭の中にある知識を外に出して、テーブルに並べていくことが大切です。

ただ、可能ならば、そうして外出しした情報に対して**「これは事実である」、もしく**

は「これは自分の想像である」という色分けをしておくことをおすすめします。事実かどうか明らかではないことについては、後ほど調べて「事実か否か」を確認する必要が出てくるためです。

続いて、情報の構造化です。「構造化」というと仰々《ぎょうぎょう》しく聞こえて、何だか難しそうだなと感じるかもしれませんが、その場合は「情報を整理する」という風に捉えていただければ良いかなと思います。あるいは、もう少し具体的に表現すると、「手元にある情報同士の関係性を明らかにしていく作業」と言うこともできます。

似ている情報同士をグループ化する。相反する情報、対立する情報を区分けする。どちらかが他方を内包するような包含《ほうがん》関係を見つける。どちらかが他方よりも必ず先、もしくは後になる前後関係を見つける。そういった作業を行うことで、情報を体系的に整理し、構造を明らかにすることができます。

具体化と構造化は、順番に行うこともできますが、この項で敢《あ》えて一緒に書いているのは、相互に行き来した方が効率が良いためです。情報の具体化を進めながら、構造化を試み、構造化する中で具体化を進める。そういう進め方が良いと思います。

「パートナーのお祝いイベント企画」を具体化する

例えば、「何かの記念日で、恋人や配偶者（以下、パートナーと称します）にお祝いイベントを企画したい」とします。この場合の目的は、相手が喜ぶことですね。ぱっと思いつく「アイデア」は、

・高級レストランでディナー
・事前に知らせないサプライズ要素を入れる
・ディズニーランドなどのテーマパークに行く
・温泉に行ってのんびり過ごす
・近場の海外高級ブランドホテルで優雅に過ごす

図2-3 「パートナーのお祝いイベント企画」の着想の例

- 高級レストランでディナー
- 事前に知らせないサプライズ要素を入れる
- ディズニーランドなどのテーマパークに行く
- 温泉に行ってのんびり過ごす
- 近場の海外高級ブランドホテルで優雅に過ごす
- 以前から欲しがっていたアクセサリーをプレゼント

・以前から欲しがっていたアクセサリーをプレゼントする

などでしょうか。

さて、これらの情報を、まずは具体化していきましょう。

「高級レストランでディナー」というアイデアがありますが、パートナーの好きな料理は何でしょうか。フレンチでしょうか。お寿司でしょうか。また、高級と言っても価格帯はどれくらいを想定していますか。このあたりを具体化していきましょう。

続いては、「サプライズ要素」です。サプライズにもいろいろあります。「レストランでバースデープレートを出してもらう」「こっそり用意していたプレゼントを渡す」というようなシンプルなものから、「友人たちが内緒で駆けつけてくれてバースデーソングを歌ってくれる」というやや大がかりなものや、「フラッシュモブ形式で周囲の人が全員踊《おど》り出す」というようなお金や準備の面でも心理的にもハードルが高いものまであるでしょう。さらには、お金を無尽蔵《むじんぞう》にかけるなら、「都心で打ち上げ花火を上げる」とかいうものまで、アイデアとしては存在します。

ここで一番気をつけないといけないのは「パートナーは、サプライズを好んでいるかどうか」です。**相手を喜ばせるための企画で、相手が楽しめないのは目的に合致《がっち》していません。**サプライズの内容に依る、というところもあるでしょうから、「サプライズがありかなしか」「どの程度のサプライズなら相手が喜んでくれるか」という観点で具体化を進めましょう。

図2-4　「パートナーのお祝いイベント企画」の着想のうち、「サプライズ要素」の具体化の例

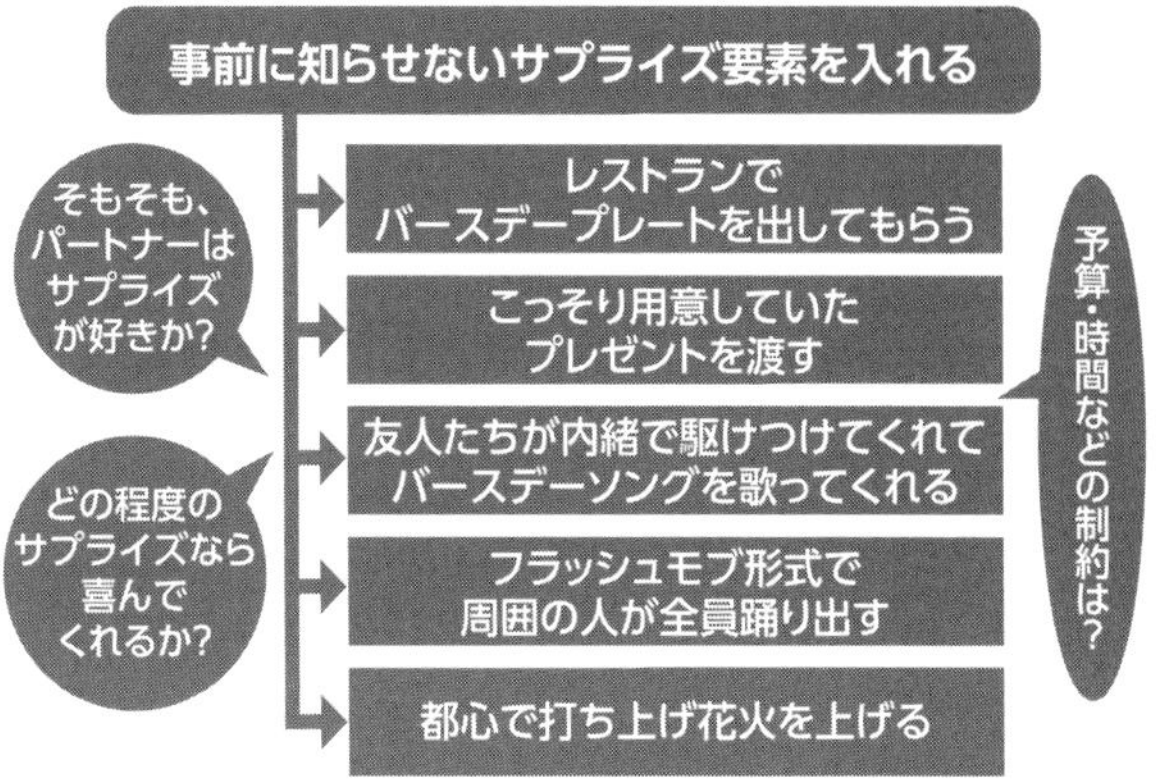

事前に知らせないサプライズ要素を入れる
レストランで
バースデープレートを出してもらう
こっそり用意していた
プレゼントを渡す
友人たちが内緒で駆けつけてくれて
バースデーソングを歌ってくれる
フラッシュモブ形式で
周囲の人が全員踊り出す
都心で打ち上げ花火を上げる
そもそも、
パートナーは
サプライズ
が好きか？
どの程度の
サプライズなら
喜んで
くれるか？
予算・時間などの制約は？

テーマパークや温泉も、どの場所なのか、具体的な選択肢を出せば、移動時間の制約や予算の制約などによって選択肢が狭まっていくでしょう。また、「パートナーの希望を踏まえると、どのあたりが良さそうか」ということも、ある程度見えてくるはずです。

アクセサリーの場合も、「過去に欲しいと言っていたものは何か」「すでに持っているものや、これまでにプレゼントしているものは何か」「誕生石や星座モチーフ、あるいはクリスマスカラーなどの季節性の

あるものの是非」などについても具体的に洗い出してみましょう。

「パートナーのお祝いイベント企画」を構造化する

こうして、**情報の具体化が進み、事実として理解できていることと、想像に過ぎないこと、推測していることが何なのかが明らかになってきたら、構造化に取り組んでみましょう**（想像・推測の対象とは、例えば、「ホテルの予約が取れそうか」「パートナーが温泉を好きかどうか」「欲しいアクセサリーの種類」などです。「調べたり、聞いたりしてみないとわからない」ということもたくさんあるはずですよね）。

まずは、「どこかに行く」というグループが作れそうです。温泉やテーマパーク、外資系の高級ホテルなどがこれに当てはまります。少し毛色が違うものとして、「食事（レストラン）に行く」というものもありますね。また、「プレゼントをあげる」というものもあります。最後に、「サプライズをする」というアイデアがあります。まずは、この4グループに分けておきましょう。

これらの中で、「同時にできるもの」「できないもの」の組み合わせがありそうです。

また、サプライズに関しては、その内容次第ではありますが、ほかのグループのどれに対しても適用できそうです（適用すべきか否かは別にして）。


つまり、このように構造的に捉えてみた結果、「サプライズ」はほかのものとは毛色が違うことがわかります。「行き先」「食事」「プレゼント」のそれぞれに対して、サプライズ要素を掛け合わせてみると、もう少し具体的な情報を付与することができます。

例えば、行き先の場合は「旅行などに行くこと自体を秘匿《ひとく》する」レベルから、「どこかに出掛けるということは伝えるが、どこに行くかは秘匿する」レベル、あるいは、「行き先まで伝えた上で、現地でサプライズな事象を起こす」の3段階くらいに大別できそうです。食事の場合も同様でしょう。

しかしながら、旅行に行くこと自体を秘匿すると、前後の予定や着替えなどの宿泊準備のハードルが高くなります。レストランであっても、似たような料理を直前に食べて

図2-5 「パートナーのお祝いイベント企画」の構造化の例

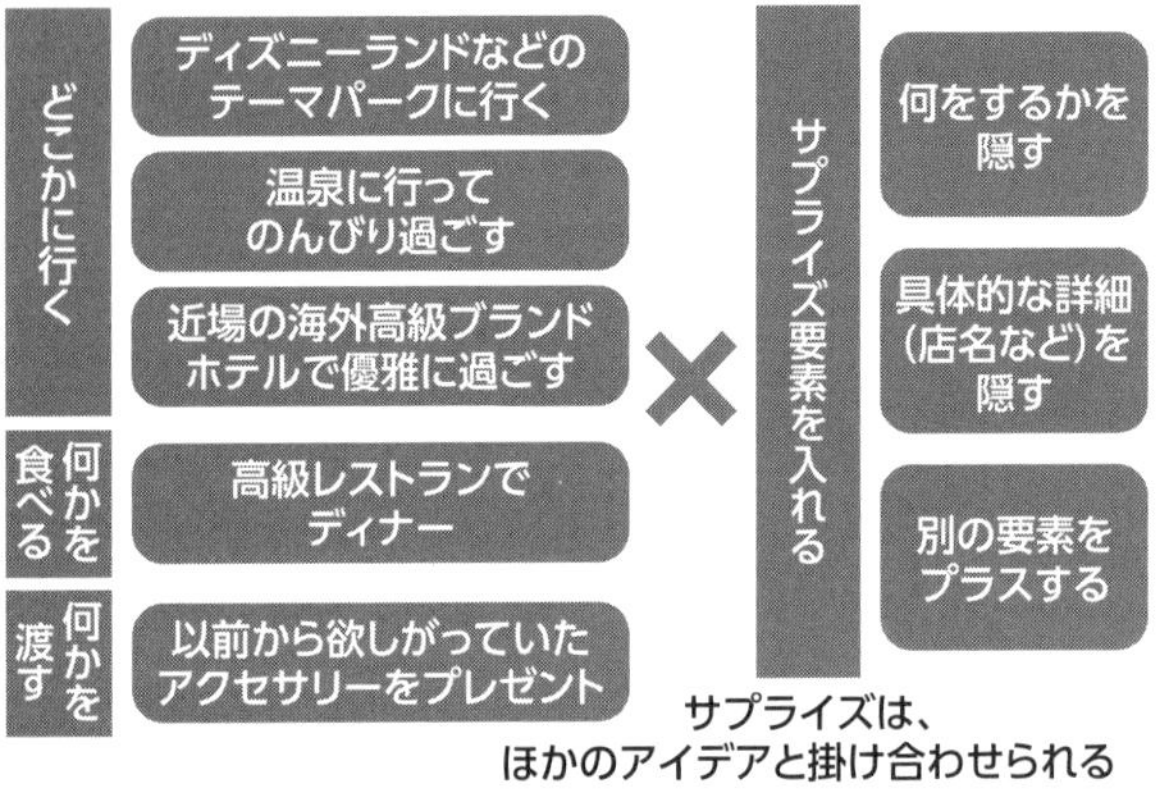
どこかに行く
ディズニーランドなどのテーマパークに行く
温泉に行ってのんびり過ごす
近場の海外高級ブランドホテルで優雅に過ごす
何かを食べる
高級レストランでディナー
何かを渡す
以前から欲しがっていたアクセサリーをプレゼント
×
サプライズ要素を入れる
何をするかを隠す
具体的な詳細(店名など)を隠す
別の要素をプラスする
サプライズは、ほかのアイデアと掛け合わせられる

しまうなどの問題も起こりやすくなりますので、「少し工夫が必要そうだな」ということになります。

プレゼントに関しては、大きな荷物などでなければ、隠しておくのは比較的簡単です。レストランやホテルに事前にお願いして、渡す直前まで預かっておいてもらうなどのやり方も検討できるかもしれません。

このように、**思いつきをそのまま実行に移すのではなく、情報を具体化し、構造的に整理していくことで「本当に自分がやりたいことは何なのか」「自分が目指しているのはどこなのか」が明らかになっていきます。**

普段、まったくこうした手順を踏んでいない人であれば、こうした具体化・構造化を試みるだけでも、周囲から「ちゃんと考えている」という評価を得ることができるでしょう。

考える手順③「情報補完」

頭の中に思い描いていることを詳細に書き出すことで、情報は具体化されます。そして、それを構造的に整理していくことで、ぼんやりとした思いつきの輪郭《りんかく》がクリアになってきます。

この作業をしていく中で、多くの方は「足りない情報」「発想の幅の狭さ」に気づくでしょう。どんなに優秀な人であっても、自分の脳内にある知識だけでは、情報量に限界があります。また、どれだけ柔軟に考えようと努力しても、物事を捉える切り口にも、個々人の癖《くせ》のようなものが出てしまいます。そのため、**情報の抜け漏れを見極め、それを補完することが必要**です。

こうしたときに、**便利なのが「フレームワーク」です。**

ビジネスの現場においては、「フローチャート」を描くのが一番シンプルで使い勝手が良いと思います。もう少し複雑な概念を取り扱う必要があるときは、「3C」「4P」「5フォース」「6バブルス」などの世の中にある多様なフレームワークを持ってくると良いでしょう。

もちろん、「構造化」のタイミングから、各種フレームワークを使っていくこともおすすめです。

フローチャートをおすすめするのは「時系列で整理すると、モレにくい」からです。

MECE（ミーシー）という言葉をご存じでしょうか。Mutually Exclusive and Collectively Exhaustiveの略語で、日本語では「モレなし、ダブりなし」と訳されます。床に様々なサイズのタイルを敷く際に、重なりもないし、隙間もないように敷き詰めることをイメージしていただくとわかりやすいのではないでしょうか。この状態が、情報の整理においては理想とされます。

しかしながら、**発想を膨らませていく段階においては、「ダブっていても良いから、モレがない方が良い」**のです。ダブっているものは後の検討段階で削ることができますが、そもそもテーブルに載っていないものについては検討の俎上《そじょう》に載ってきません。これは、考えを深めていく上では致命的です。

そうした場合に、時系列での整理は、極めて有用です。

一般的に、人の思考はシングルタスクで処理されます。また、人の行動もシングルタスクになります。一つのことを考えて、その次に、別のことを考える。あるいは、一つのことを行ってから、また次のことを行う。そういうスタイルになります（もちろん、マルチタスクが得意だという人もいらっしゃると思いますが、実際のところは、目の前にある「タスクA」「タスクB」を、小さなタスク「A－1」「A－2」「A－3」……、「B－1」「B－2」……に切り分けた上で、それらを、「タスクA」「タスクB」の区別なく素早く適切に処理することで、「タスクA」と「タスクB」を並行実施しているように見えるという、「高速切り替え型シングルタスク」を行っているのではないでしょうか)。

そのため、何かを整理していくにあたっては、「時間の流れ」に沿って情報を洗い出すのが得策です。「まず、これをして、次にこれをして、……」という考え方ですね。

フローチャートにすることで「条件分岐《ぶんき》」の概念も組み込むことができます。

朝起きる

↓

天気予報を見る

↓

降水確率が60%以上なら長傘《ながかさ》を持つ/30~60%なら折りたたみ傘を鞄《かばん》に入れる/30%未満なら傘を持たない

↓

玄関を開けて出掛ける

の、降水確率が「条件」、傘を持つかどうかが条件に応じた「分岐」ですね。

このフローを見ると、「朝起きてから、家を出るまでの間に、傘のことだけしか考えないわけがないだろう」と思う方も多いでしょう。まさに、それがフローチャートで考える利点です。

歯を磨いて、朝食を食べて、シャワーを浴びて、着替えて……などなど、様々な行動があるはずです。この内容や順番は、人によって異なると思います。しかし、少なくとも「自分がどうしているか」をモレなく洗い出そうとすると、時系列で整理して、フローチャートを描いていくのが最適なアプローチだと思います。

「パートナーのお祝いイベント企画」のフローチャートを描く

では、「レストランでサプライズプレゼントを渡す」というイベントを想定して、フローチャートを描いてみましょう。

いきなり細かく考えるとモレますので、大きなカタマリで考えると良いでしょう。私であれば、「下準備」「相手への伝達」「手配」「本番」の大きく4つのステップがある

図2-6 **「パートナーのお祝いイベント企画」における情報補完の例**

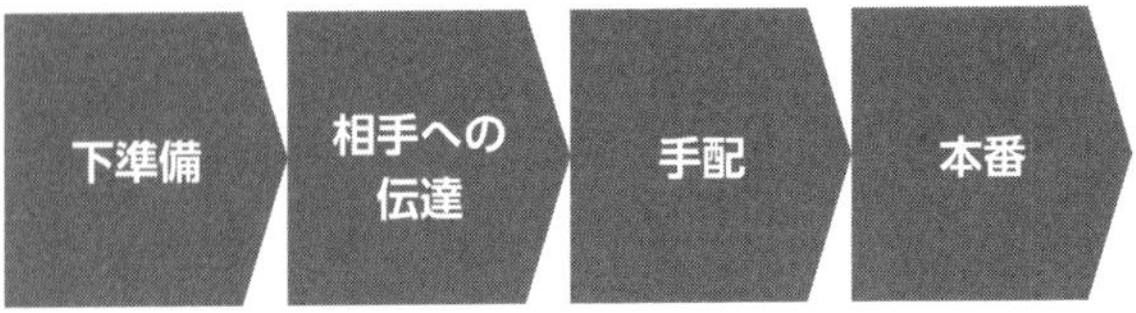

①大きな流れで考える

※フローチャートの正しい描き方はp.109で解説

な、と捉えます。

「下準備」は、「どういうお店にするか」「予約は取れそうか」「パートナーの好みと合致しているか」などの情報を揃《そろ》える段階です。ここを怠《おこた》っていると、最高のプランを思いついたが、肝心のお店が予約できない、というようなことが起こり得ます。また、記念日が平日（例えば水曜日）だったときに、当日にこだわって水曜日にするのか、金曜日や週末にするのか、なども全体の計画に影響します。

続いては、「相手への伝達」です。「その日の予定が空《あ》いているか」「翌日の早朝から予定があって早く帰らないといけないなどの事情はないか」などについてはしっかり押さえておく必要がありますが、一方で、サプライズ要素の内容によっては、あまり詳細を伝えるわけにもいきません。

今回は、レストランは具体的に伝えて、プレゼントを渡す、ということにしておきましょう。したがって、「何時にどこのレストランに行く」ということまで伝えても大丈夫そうです。


「手配」は、相手の予定が空いていて、具体的なレストランも伝えていれば、予約をすることになります。もちろん、人気店の場合は、先に予約をしておく必要があります。

また、このタイミングで、プレゼントを渡すための手順についても考慮すべきです。ケーキであれば、お店に用意してもらうのか、自分が持ち込むのか。持ち込む場合に冷蔵庫で預かってもらえるのか。いつのタイミングで、どうやって出してもらうのか。お店に負担をかけるものであれば、下準備の段階で現実的に可能そうなプランを考えておいて、予約のタイミングで相談することが必要になります。一方で、指輪などのアクセサリーを渡すということであれば、特にお店には負担はかかりません。「プレゼントの手配が当日までに間に合うか」ということの方が重要です（ただし、韓流ドラマ、あるいは、昭和な感じのするトレンディ・ドラマのように、「シャンパングラスに指輪を沈めて提供して欲しい」などというアイデアを実現したいのであれば、お店との打ち合わせが必要になります)。

そして、当日、「本番」です。パートナーとどこで待ち合わせるのか。サプライズプレゼントは、どうやって店に持ち込み、どうやって保管しておいてもらうのか。お店の協力が必要ならば、どのようなタイミングで、どういう合図を送って、プレゼントを出してもらうのか。照明を消してもらう、音楽を流してもらう、なども想定するのであれば、この流れも考えておく必要があります。

と、ここまで考えた時点で、すでに「大きな流れ」と、その具体的なイメージはできていると思います。フローチャートで考えた、と言えるでしょう。

が、もう一歩踏み込みましょう。この状態では、きっと、何かがモレているはずなのです。もっと具体的に、詳細に考えていくべきです。

そこで、「当日の流れ」を、さらに具体的に時系列で洗い出していきます。

待ち合わせ　↓　入店　↓　プレゼントをお店に預ける　↓　料理を頼む　↓　食事をする　↓　お店に合図をする　↓　プレゼントが提供される（渡す）　↓　プレゼントを楽しむ　↓　お会計する　↓　退店する

こんな感じでしょうか。


待ち合わせは、どの場所か。お店に直接集合？　最寄駅《もよりえき》で集合して歩いていく？　どこからタクシーに乗る？

具体的に考えていくと、このあたりで服装の問題に思い至ります。ドレスコードは問題ないでしょうか。「下準備」もしくは「手配」のタイミングで確認しておきましょう。

また「相手への伝達」においても、その情報を含めておく必要があります。

図2-7　「パートナーのお祝いイベント企画」における情報補完の例

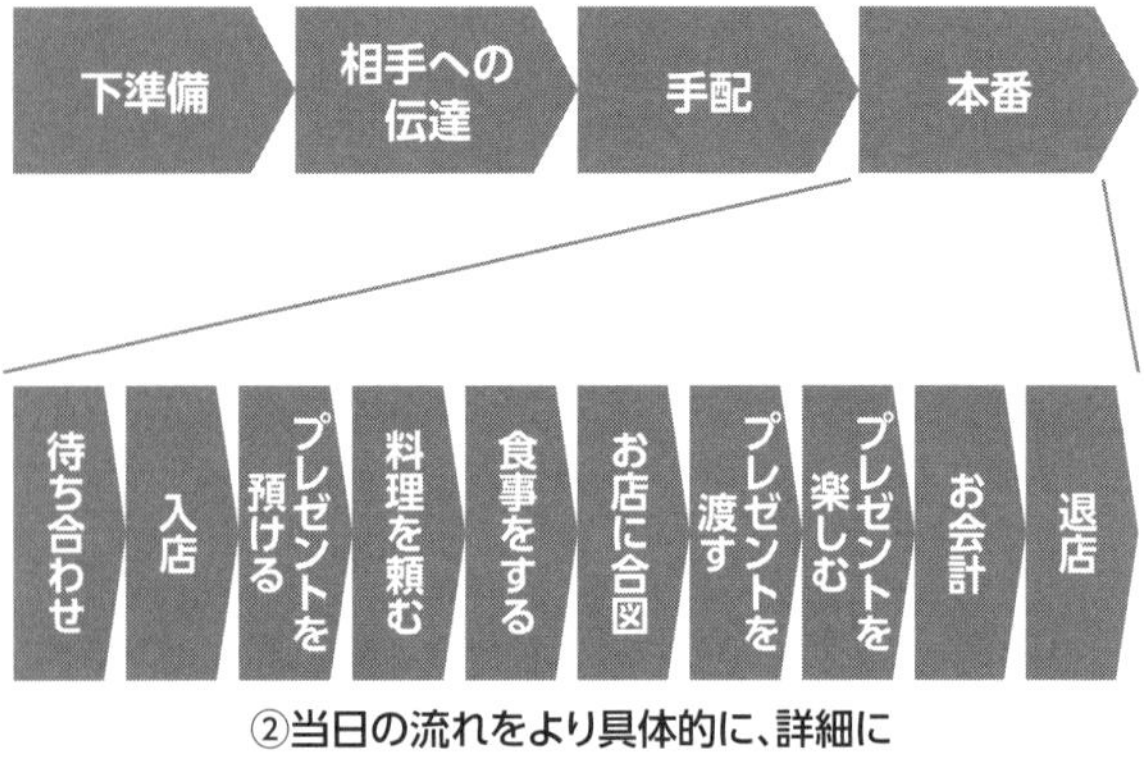

※フローチャートの正しい描き方はp.109で解説

続いて、入店。このとき、プレゼントは手元にありますか？　すでにお店に預けていますか？　お店で集合するのであれば、パートナーよりも、少し早めに行っておけば預けられますね。パートナーと一緒に入店するのであれば、プレゼントの扱いについては注意が必要そうです。きちんとしたレストランであれば、上着や鞄をクロークに預けてしまうため、アクセサリーなどの小さなものの場合にも、手元に置いておくか、預けてしまうかなどの取り扱いを考えておく必要がありそうです。

では、いざ、料理を頼みましょう。コースですか？　アラカルトですか？　事前にコース料理を予約していますか？　サプライズプレゼントがケーキの場合、コースのデザートとのバランスは大丈夫ですか？　あるいは、コースの場合、お酒はペアリングですか？　ペアリングではないのならば、1杯目はシャンパンにしますか？　それとも、たくさん飲みたいので、ボトルで頼みましょうか？　もし、「指輪をシャンパンに入れる」なんてことをしたいのなら、指輪はこのタイミングで出してもらいますか？　料理が始まる前にサプライズを持ってくるのはイメージ通りですか？　酔っぱらう前で、むしろ良いとも言えますので、考え方次第ですね。いずれにしても、このあたりを事前に詰めておかないと、うまくいかなさそうです。

その後、食事をしている間は、とくに考慮することはなさそうですね。

しかし、どのタイミングでお店に合図を送るのかは、食事との兼ね合いで考えておく必要があります。コース料理なら、「メインディッシュの後で」とか、「デザートと同時に」とか、「デザートの後で」とかいう指定をしていくことも可能でしょう。アラカルトのときはどうしましょう。「お手洗いに行くふりをして、お願いする」という形にしますか？　その場合は、その旨《むね》を先にお店に伝えておくべきかもしれません。

プレゼントを渡した後は、どうしましょう。記念撮影などをしますか？　スマートフォンで撮影するだけで良いですか？　お店によっては、インスタントカメラで撮影して、メッセージを添えてくれたりもするかもしれません。そういう準備があるのかどうか、「下準備」「手配」の段階で確認しておきましょうか。

さて、お会計です。気になることがあるとすると、「クレジットカードが使えるか」「特定のブランドのクレジットカードしか使えないなどの制約はあるか」くらいですかね。お会計の場で手持ちのカードが使えないとなると、違った意味でのサプライズになってしまうので、そこは確認しておきましょう。もし限度額などが気になるようなら、そのあたりもカード会社に事前に確認しておくと良いかもしれません。

最後に退店です。歩いて夜景を楽しむなら、どのルートで駅まで歩きますか？　もう一杯飲みたいと言われたら、どんなお店が候補にあるでしょう。あるいは、タクシーで帰る予定ですか？　で、あれば、会計の際にタクシーを呼んでもらうイメージですか？

いかがでしょうか。かなり具体的に洗い出せてきました。

このように考えていくと、「やはり、お店との事前打ち合わせが必要なのではないか」と感じてきます。当日、早めに一度行ってから待ち合せ場所に行く。あるいは、前日にお邪魔する。前日に打ち合わせをする際にプレゼントを預けるならば、その時点でプレゼントがあなたの手元に届いていないといけません。リードタイムは大丈夫そうですか？　あるいは、プレゼントを郵送でお店に送っておきますか？　それを受け取って保管してもらえるかどうかは、事前確認の内容に追加する必要があります。

もちろん、今回の例はあくまでも「考え方」の例ですので、通常であれば、記念日を

図2-8 「パートナーのお祝いイベント企画」における情報補完の例

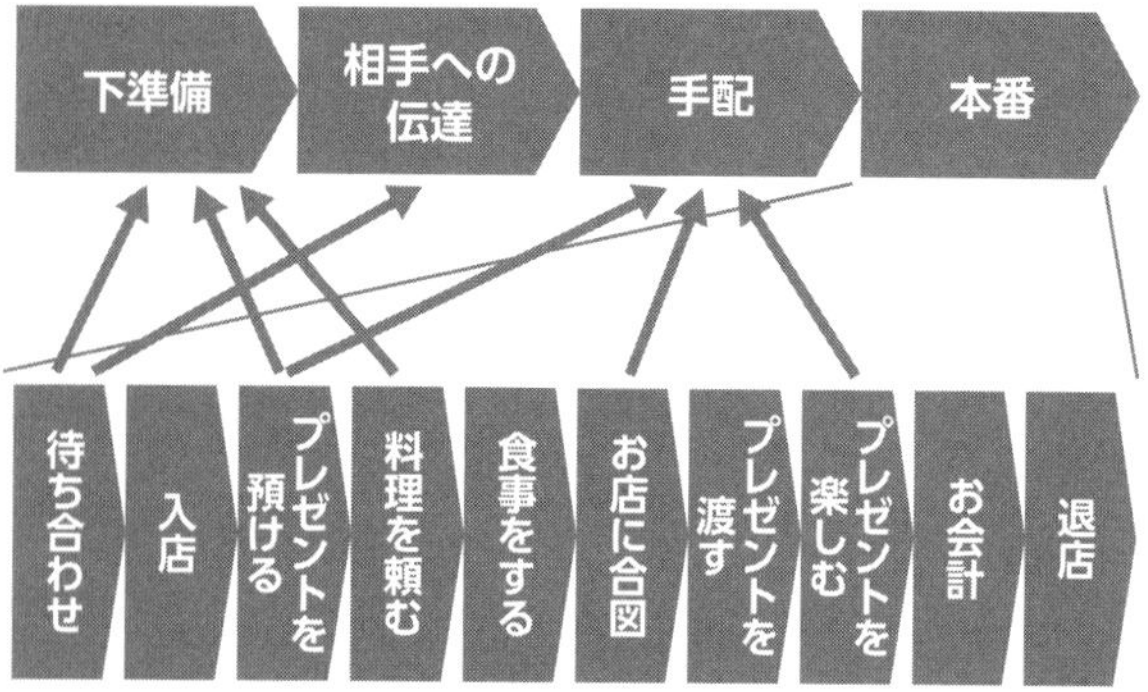
下準備
相手への伝達
手配
本番
待ち合わせ
入店
プレゼントを預ける
料理を頼む
食事をする
お店に合図
プレゼントを渡す
プレゼントを楽しむ
お会計
退店

③どこに、どういう影響があるかを洗い出し、全体調整

※フローチャートの正しい描き方はp.109で解説

祝うためだけに、こんなに詳細かつ具体的に考えていく必要はありません。

一方で、もしあなたが、仕事として、お客様からのご要望を受けてイベントを企画するのならば、これくらいは考えていて然《しか》るべきです。曖昧な状態でスタートした企画案を詳細化し、具体化し、足りないものを洗い出し、リスクを検知して潰《つぶ》し込んでいく。そういうことが求められます。

フローチャートを用いた考え方については、次章で詳しくご紹介します。

ビジネスの現場でよく使うフレームワーク「3C」と「4P」

続いて、3C、4Pなどのフレームワークについても少し触れておきましょう。

これらのフレームワークは情報の整理に使われます。フレームワーク自体が「MECE」に作られているため、思考の偏《かたよ》りを理解するのにとても便利です。3つなり、4つなりに世の中を「MECE」に区分してくれているわけですから、**各区分に情報をしっかり記入できなければ「何か足りていないのではないか」と気づくことができます。**

3Cは、自社を取り巻く環境について考える際に用いられるフレームワークです。自社すなわち「Company」、顧客すなわち「Customer」、競合企業すなわち「Competitor」の3つの「C」で環境理解を深めるというものです。

先ほど、アルコール飲料の新商品の例を挙げましたが、その商品について詳細化・具

図2-9 アルコール飲料の新商品開発で「3C」のフレームワークを使う例

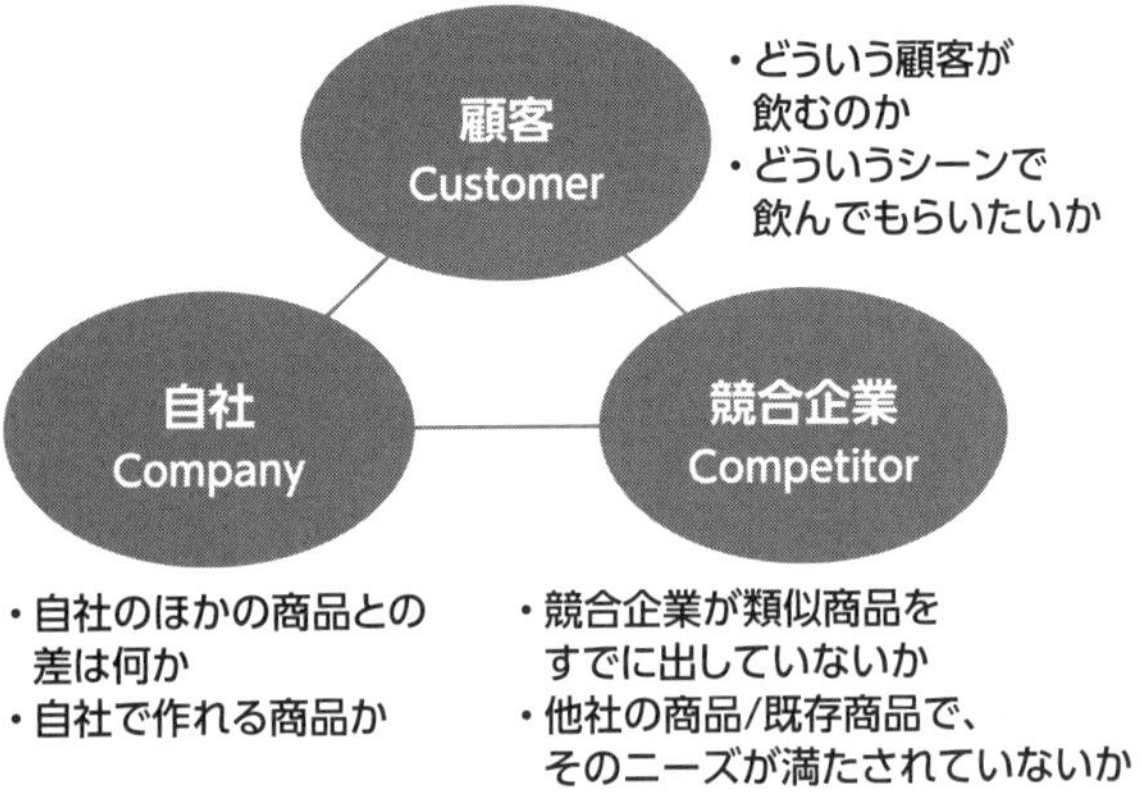
顧客
Customer
・どういう顧客が飲むのか
・どういうシーンで飲んでもらいたいか
自社
Company
競合企業
Competitor
・自社のほかの商品との差は何か
・自社で作れる商品か
・競合企業が類似商品をすでに出していないか
・他社の商品/既存商品で、そのニーズが満たされていないか

体化した情報を「自社の視点」「競合企業の視点」「顧客の視点」の3つのCで捉え直してみると、「顧客の視点の情報ばかりである」と気づくかもしれません。

どういうお客さんが飲む商品か。どういうシーンで飲んでもらいたいか。そういうことについてはいろいろなアイデアが出ているかもしれませんが、「自社のほかの商品との差は何か」とか「自社で作ることができる商品か」などの「自社の視点」や、「競合企業が似たような商品を出していないか」「アルコール飲料以外の他社商品、例えば、ハーブティーや炭酸飲料などで、そのニーズがすでに満たされていないか」

といった「競合企業の視点」がモレているということは多々あります。

あるいは、4Pの視点ではどうでしょう。

4Pはマーケティングの現場でよく用いられるフレームワークで、製品すなわち「Product」、価格すなわち「Price」、流通経路すなわち「Place」、販促すなわち「Promotion」の4つの切り口で物事を捉えていきます。

アルコール飲料の新商品の例で言えば、どんな人のどんなニーズを満たす商品で、どういう特徴を持っているのかといった「Product」の視点ではしっかり考えられているが、ほかの視点がすっぽり抜け落ちている、ということがあるかもしれません。

いくらぐらいの価格帯の商品にしていくのか、ターゲットの若年層のことを考えると、あまり高価格な商品は受け入れてもらえないのではないか……、というような「Price」の視点。

帰宅時にふと目について気軽に買えるようにコンビニの棚に並べるのか、週末にまとめ買いしてもらうようにスーパーでの箱売り・複数本パック売りを目指すのか、あるい

図2-10　アルコール飲料の新商品開発で「4P」のフレームワークを使う例

製品 (Product)

・どんな人に向けた商品か
・どんなニーズを満たすのか
・どういう特徴があるか

価格 (Price)

・いくらぐらいの価格帯か
・顧客は払えそうか
・競合商品と比べてどうか

流通経路 (Place)

・コンビニで目を引く
・スーパーでの箱売り・まとめ買い需要狙い
・直販 EC サイトでの定期購買
…etc

販促 (Promotion)

・テレビCMでの広い認知
・SNSなどでの拡散
・飲食店コラボでの、お試しチャンスの拡大
…etc

は、直販ECサイトで定期便配送にして固定ファン化を狙うのか、といった「Place」の視点。

テレビCMで大々的に認知を取りに行くのか、SNSなどでの拡散を狙うのか、飲食店とコラボしてお試しのチャンスを増やすのか、といった「Promotion」の視点。

こういうものがモレていることに気づけるのではないでしょうか。

そのほかにも、「売り手（供給者）」「買い手（顧客）」「既存の競合」「新規参入」「代替品」の5つの切り口で経営環境に関係する力を捉える「5フォース」であったり、

「戦略的意図（Strategic Intent）」「ビジネスプロセス（Business Process）」「ふるまい（Behavior）」「システム（IT）」「組織（Organization）」「人材（Human Resources）」の6つの切り口で事業運営のあり方を捉える「6バブルス」、内的要因である「Strength（強み）」「Weakness（弱み）」および外的要因である「Opportunity（機会）」「Threat（脅威）」の4つの視点で考える「SWOT分析」など、様々なフレームワークが世の中には存在しています。

こうしたものをあれこれ試してみることで、「自分ひとりで悶々《もんもん》と考えているだけでは気づけなかった情報がある」と見えてくる可能性があります。

このような試みによってモレに気づけたら、あらためて、一つ前のステップである具体化と構造化にトライしてみてください。

ただし、ここで考えたいのは自分で思いつけなかった切り口に関する情報ですから、「簡単には思いつけない」ということもあるでしょう。そういう場合には、**インターネットなどを用いて、簡単に調べてみましょう。**その際に、前ステップで洗い出した想像・推測が事実かどうかもまとめて調べてみるのも良いアイデアです。
これが、足りない情報の「補完」作業です。当然ながら、ありとあらゆる情報を調べていては、時間がどれだけあっても足りませんから、重要そうだなと思うところ、特に自分が気になっているところを中心に調べるということでかまいません。

ここまでくると、かなり情報が積み上がっています。いろいろな切り口から見つめ直されて、様々な情報が追加されています。かなり考えが深まっていると言えます。日常生活においては、ここで歩みを止めても十二分に「考えている」と胸を張って良いのでしょうけれど、仕事においては、ぜひ、もう一歩踏み込んでいただきたいと思います。それが、次節でご紹介する優先順位づけです。

考える手順④「取捨選択」

様々な切り口での情報が出揃ってきたところで、ぜひ取り組んでいただきたいのが、情報の優先順位づけです。

ここまで、いくつかの手順を踏んでしっかりと情報を太らせてきました。時系列で整理したり、フレームワークを活用したりすることで、自分の中になかった切り口、思いつかなかった視点を見つけることができたはずです。

しかし、そうして**思考が整理され、拡張されていくと同時に、本来の目的から外れた情報、関係性の薄い情報が増えてしまっている**はずです。

思考を膨らませていく過程においては、そうした情報を排除しすぎてもいけません。むしろ、少し遠い情報、関係の薄そうな情報がある方が、思いがけない発想につながることもありますから、積極的に一見縁遠そうな情報も取り込んでいくべきだと言えます。

しかしながら、その状態のまま誰かに伝えようとしても、焦点がぼやけてしまいます。そこで、情報の優先順位づけ、取捨選択が重要となってきます。

考え始める最初のタイミングで、テーマと目的が設定されていたことだと思います。

テーマと目的は、考えるということの「枠組み」です。「一緒にご飯を食べる相手を喜ばせたい」とか、「新しい商品を開発して売上を向上させたい」とか、そういう目的があり、それを実現するために考えを深めてきたわけです。

ただ、考えを整理していく中で、そのあたりが曖昧になってきたり、忘れてしまったりすることがあります。そこで、**再度、目的・ゴールに立ち返ってみる**わけです。

何かの記念日を祝うという場合は、お祝いの対象となる人が喜んでくれることが最終目的です。いろいろな情報を積み上げていく中で、世の中の大多数がどういうものを好んでいるかというような情報が集まってくるかもしれません。「○○祝いのプレゼントランキング」「おすすめ○○祝い20選」といったような情報は、検討を進める上で極めて有用です。しかし、お祝いされる相手が喜ぶかどうかという観点で見直してみると、そのまま使えるものでもなさそうです。

世の中一般において、どういうものが好まれているかを知るのは、発想を広げるためには有用です。しかしそれは、あなたの目の前の特定の誰かを祝うという目的で、最適なものを選ぶ際の判断基準にはなり得ないのです。

先ほどから何度も例として挙げている「アルコール飲料」であれば、最終目的である売上向上・利益増大につながらないと意味がありません。どれだけ優れた商品で、どれだけ強いニーズがある商品であっても、買ってくれそうな人がとても少なかったり、支払ってくれそうな価格が低すぎたり、開発・生産にコストがかかりすぎて採算が合わなかったりするのならば、その商品アイデアはお蔵入りにせざるを得ません。

そのため、顧客層（セグメント）の人数や支払い可能金額などの観点から「狙うべきでない」と判断された顧客セグメントに関する情報は、たとえどれほど細かく、深く調べられていたとしても、この段階では優先順位の低い情報に分類されます。

あるいは、これまでの自社の保有技術や流通ネットワークの観点で、実現が難しそうな領域の検討内容も、優先順位が下がります。いくら低アルコール飲料のニーズがあるといっても、今までウイスキーしか作ったことがない人たちが、突然ワイン系飲料やビール系飲料を作るというわけにはいきません。卸《おろし》経由でスーパーに納入して販売していた人たちが、今日からＥＣで定期配送をするといっても、越えるべきハードルは非常に多いと言えます（もちろん、実際の事業検討という話であれば、一見無謀に見えるところにこそ、大きなビジネスチャンスがあったりもしますので、優先順位が低いから、すなわち、検討対象から外すべきだということにはなりません。ここで挙げた例は、あくまでも「考え方」の一例として捉えてください）。

お気づきの方もいらっしゃることと思いますが、この「情報の優先順位」は、考える手順の中でも同様に見極めることが可能です。

特に、**一番時間と手間のかかる「調べる」という作業に入る際には、あらかじめ優先順位について考えておく方が効率的です。**自らの想像が正しいかどうかを検証しようと考えた場合には、「それが事実であるとわかること」が、「目的達成に対してどの程度の意味を持つのか」を、先回りして考えてみることをおすすめします。

その一方で、少しくらい調べてみないことには、優先順位さえもつけられないということも多いでしょう。先ほどの「ターゲットとなる顧客セグメントの人数」などは、想像だけでは見極められません。同様に、「どれくらいの価格なら支払ってくれそうか」などもそうでしょう。こういうことについては、ある程度のアタリをつけられる程度には調べてみてから判断していくべきです。

とはいえ、こうしたことを知るために、いきなり大金を投じてアンケート調査をしてみるというのも無謀です。まずは、性別・年代別の人口動態や、収入階層別の家計支出の内訳などの無料で手に入る情報で、「だいたいこのあたりに、これくらいの可能性がありそうだな」という程度の土地勘を持てるようにするのが好ましいと言えます。

なお、このあたりは、あらかじめ定められた絶対的な正解があるものでもありません。いろいろと試行錯誤を繰り返して、自分なりの心地良いところを見つけていく必要があります。

「戦略とは捨てること」という言葉がありますが、考える作業においても「捨てる」ことは大切です。**あれこれ調べたから、たくさんの情報を積み上げたからといって、それ**

らすべてを使っていこうとすると、本筋が見えにくくなります。

目的、すなわち、思考の枠組みから外れるものは、思い切って捨ててしまいましょう。「捨てる作業」をしっかりと行うことによって、思考が研ぎ澄まされ、シャープになります。

必要な情報だけに減らすことで、言いたいことがクリアに伝わるようになります。

以上が、「着想→具体化→構造化→情報補完→取捨選択」という一連の考える手順です。

再三、申し上げてきた通り、この手順は必ずしも一方通行ではなく、行ったり来たりしながら各ステップを繰り返していくものです。

最初のうちは、面倒くさく、煩《わずら》わしく、「時間がかかるな」と感じるかもしれませんが、繰り返していくうちに体になじみ、（マニュアルミッションのシフトチェンジと同様に）自然とできるようになっていきます。

次章以降では、この手順が体になじんだ上で、活用していただきたい技術（運転で言えば、アクセルワークやハンドル捌《さば》きに相当します）について解説していきます。

第3章

思考を客観視する技術

「頑張って考えた」という気持ちを切り離す

「考える」とは情報を積み上げていく行為であると、繰り返し述べてきました。

そして、その作業の大半は、自分の内面と語り合う作業でした。自分自身が何を思っているのか、何を考えているのかを明らかにし、研ぎ澄ましていく作業です。

この作業を行っていく際に大切なのが「客観視する」ということです。**自分自身の中から生み出された思考を、自分から切り離してみることで、いろいろと見えてくるものがある**はずです。

「一所懸命に考えたから」「精一杯頭を使ったから」。そういう気持ちが芽生《めば》えてしまうのは当然です。しかし、そこから一歩離れて、少し引いて眺めてみましょう。そうして俯瞰《ふかん》してみると、先ほどまでは気づけなかった、矛盾点、論理的な不整合、あるいは足りないところなどが見えてきます。

私の仕事であるコンサルティングの現場では、多くの資料を作成します。精魂こめて作った資料ですが、その資料を印刷して目の前に置いた瞬間に「他人が作ったもの」として眺めるように心がけています。

そうすることで、自分の考えの至らなさを自ら発見し、今ある資料の改善点を明らかにして、より良いアウトプットを作るために何を為《な》すべきかを見出していくのです。

なお、昨今は、資料を印刷せずに「画面に映す」ことが多いので、作成作業中の気持ちを、客観視点でレビューする気持ちに切り替えることがなかなか難しかったりもします。そういう場合は、敢えて、紙に印刷して眺める、ということを行うこともあります。紙が勿体《もったい》ないというご指摘もあるでしょうが、「考える」という行為に対して、それだけ真剣に取り組んでいるという風に捉えることもできると思います。

これは、何もコンサルタントに限った話ではありません。営業職の方がお客様への提案資料を作る際にも、同様の客観視はしているはずです。あるいは、企画職の方は、自分の企画書を何度となく見直しているでしょう。

そこに「頑張《がんば》って作ったから」という感情を持ち込むと、どうしても手心を加えてしまいます。**自分自身が、一番厳しいレビュアーになる。一番厳しい指摘をしてくれる存在になる。**それを意識することが、深く考え、思考を研ぎ澄ましていくために、極めて大切です。


そして、この「客観的に見る」ということは、資料に対してだけ行うものではありません。情報を具体化・詳細化するとき、構造化して整理するとき、足りない情報を見つけ出してそれを補完していくとき、目的に照らし合わせて情報に優先順位をつけるとき。こうした、**すべての手順、すべてのプロセスにおいて、客観的に見ることを心がけていきましょう。**

そうすることで、あなたの思考は、ひとりよがりの一面的なものではなくなります。ほかの人から見ても、深く練り込まれていることがわかるはずです。

そして、よく練られた思考は、初めて目にする人にとっても、わかりやすい内容になっていることでしょう。

この章では、そのように、思考を客観視するための技術について解説していきます。

思考を客観視する方法❶「言語化」

自らの思考を客観視するために、最初に意識すべきことは「言語化」です。

ぼんやりとした思いは、言葉として形にすることによって、思考に昇華されます。思い、感情、気持ち、などといった不明瞭なものは、そのままでは誰かに伝えることはできません。しかし、ひとたびそれを言葉として書き表せば、それは、他者と共有可能になり、相手に理解してもらうことができるようになります。

新人コンサルタントだった頃、先輩から「書かれない思考は、思考ではない」と、口酸っぱく言われました。頭の中にあるイメージは、そのままでは何も意味をなさない。

どれだけ深く、一つのことだけを考えているつもりでも、ついつい違うことを思い浮かべてしまう。「お腹が空いたな」とか、「この曲は誰の歌だったっけ」とか、「そう言えばあのメールに返信しないとな」とか、そういうことに気を取られてしまう。だから、とにもかくにも脳内にあるものを徹底的に書き出していくのだ、と。

この指導は、私の中にとても大きなインパクトを残しました。そして、これを実践していく中で、これこそが思考の整理・体系化の最大のコツだという確信を得るに至りました。

言語化に取り組むにあたって、まず理解しておくべきことは、**「結論だけではなく、思考過程や疑問、迷っているポイントなどをすべて書き出す」**ということです。

例えば、何だかもやもやとしているなら、「もやもやしている」と書くところから始めます。そして、その言葉のとなりに「何についてもやもやしているのか」を書きましょう。

多くの人は、この「頭の中にあることを書き出す」ということが、とても苦手です。一度も意識して取り組んだことがない、という人もたくさんいると思います。

とにかく言語化する、書く、ということにトライするだけで、周囲の人たちから一歩抜け出すことができます。

また、言葉にして書き留めることにより、一度、思考を中断しても、また同じ場所から考え始めることが可能となります。ロールプレイングゲームのセーブ機能や、システムのバックアップや復元ポイントと同じです。古代の壁画がそうであるように、しっかりと記録を残すことは、未来に向けたメッセージとなります。

手書きが良いか、デジタルが良いか

書き出すためのツールは何でもかまいません。**あなたが一番使いやすいものを選びましょう。**紙のノート。マイクロソフトのワード、エクセル、パワーポイント。スマホのメモ帳アプリ。電子ペーパーなどもありますし、slackなどのテキストコミュニケーションツールも選択肢の一つです。

紙の場合は、「どの紙に、どのペンを使うと書きやすいか」などにこだわりを持つ人もいます。私も、特定のノートと特定のペンの組み合わせを選ぶことで、「紙へのひっかかりがなく、スムーズに書ける」と感じていましたので、一時期、その組み合わせを使い続けていました。いわゆる「書き味《あじ》」というものですね。

人によっては、少しひっかかりがある方が良いとか、にじみが少ない方が良いとか、そういうこだわりポイントがあると思います。こういう「こだわり」そのものには良いも悪いもないのですが、**大切なのは「思考を邪魔せずに、気持ちよく書ける」ということ**です。

先ほどの私の好みの書き味は、スムーズさに重きを置いていましたので、その結果、インクが紙にしみこまず手についてしまうということが大変多かったです。また、ペンの構造上、インク漏れも多かったため、赤いペンを使っているときには「怪我をしてる

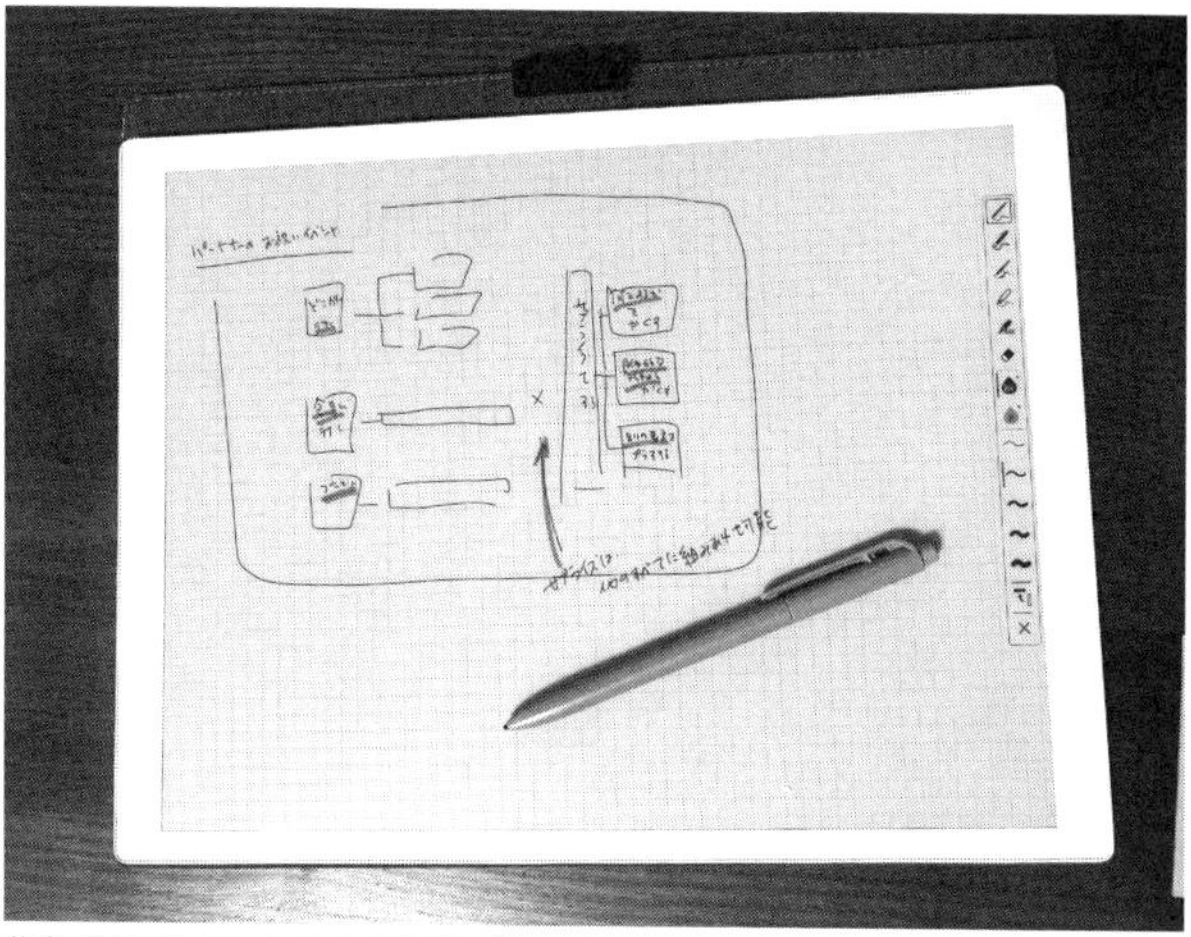

著者が使用しているQUADERNO(クアデルノ)

のか?」と心配されるくらい、指先が真っ赤に染まっていました。しかし、それでも「思考の邪魔をしない」「思考スピードが落ちない速度で書き出せる」ということの方が、当時の私にとっては重要でしたので、それも許容していたわけです。

最近は、電子ペーパーを使っています。富士通のQUADERNO(クアデルノ)が、書き味の点で私には合っています。iPadも試してみたのですが、柔らかい保護フィルムをつけたとしても、ペンのアタリが「固い」と感じてしまうんですよね。このあたりは、本当に個人の好みに依るところが大きいものですので、いろいろ試して、ご自身にあったものを探していくのが良いでしょう（ちなみに、最近は、細い字〈0・3㎜〉が書けるゲルインキのボールペンが、紙に書く際のお気に入りです）。

ここまで、「手書き」のツールをご紹介しました。

手書きの方が、まとまっていない思考を書き出すのには適している、という側面があります。ある言葉に関連する言葉をその近くに書いてみるとか、文章の一部を囲ったり、線を引いたりして、それに対して何かを追記するというようなことができるので、考えを深めていく、思考をまとめていくというときに非常に便利です。直感的に、自由に記述できるわけです。

特に、言葉同士の配置・位置関係であったり、複数の言葉を囲ったり、それらを線でつないだりすることは、脳内の思考を可視化するという意味で、非常に有用です。

一方で、**しっかりと「言葉」にする、ということに注力するならば、手書きではない**

著者が使用しているポメラ

ツールの方が良いでしょう。ワードや、スマホのメモ帳アプリなどです。

この場合も、**入力速度の速さが大切なポイント**になります。ブラインドタッチができないと厳しいですし、スマホであればフリック入力を覚えるべきでしょう。あるいは、音声入力を駆使《くし》するのも良策です。日本語変換機能にこだわるとか、辞書登録をするなども、入力速度の向上につながります。打鍵感が自分に適した外づけキーボードを探し求めるという選択肢もあります。

私の場合は、最近は、キングジムの「ポメラ」を使っています。新幹線内などの移動中や、打ち合わせの間の待ち時間などに思考を書き出す際には、この「テキスト入力専用端末」がとても便利です。

もちろん、スマホでも同様の作業は可能なのですが、SNSやメールなどの各種通知が目に入るために集中力が途切れることが多いので、専用端末を使うメリットは大きいと思います。通知を見てしまうと、脳のリソースをそちらに振り向けてしまいますし、場合によっては、そのままその通知の内容を確認し、返信などの対応を行ってしまうことになります。やはり、余計な情報が目に入らないようにしておくことは、思考に集中するための環境作りとして、とても有効です。

「ストック型」のメモと「フロー型」のメモ

なお、ここで書き出しているメモは「後で読み返して考えるもの」と「その場で捨てるもの」の2つに大別できます。

後で読み返すものは、「ストック型（蓄積型）」です。特に推敲《すいこう》などは行わず、思考が赴《おもむ》くままに言葉をしたためていくこともありますし、考え抜いた結果をまとめた「アウトプット」として残すこともあります。

この場合は、ツールを使って蓄積しておく方が、散逸《さんいつ》を防げて便利です。また、後で読み返すことを踏まえると、読める字で書く必要があります。その意味でも、各種ツールを使っていくのが便利です。紙に書くという場合であっても、綴《と》じてあるノートを使う方が、後で見返しやすいと思います。

もう一つのその場限りのものは、発想を膨らますために使います。フロー型ですね。殴《なぐ》り書きに近いものです。

この用途のときは、手書きの方が便利です。電子ペーパー、あるいは紙に書くことをおすすめします。紙の場合は、1枚ずつ切り離せるノートパッドや、少し大きめのポスト・イットなどを使ってみても良いでしょう。その場で見返すので、多少の乱雑さは問題ありません。

脳内の思考をとにかく高速で吐き出して記録することに集中し、書かれた内容を見ながら、また頭に浮かんだことを書き出していく。そういう作業を繰り返していくうちにだんだん考えがまとまってきますので、それは、先ほどのストック型メモとして残しておきます。ストック型メモに必要なことを書き写した後は、フロー型メモは捨ててしまっても問題ありません（もちろん、しばらく残しておくという判断も否定はしませんが、多くの場合、読み返すことはないと思います）。

いずれにしても、**脳内の情報を「言葉」として、極力外部に出し切ることを意識しましょう**。そうすることで、頭のもやもやが晴れて、すっきりします。さらには、自分の考えるべきことが何かを見定めて、そこに集中することができます。

思考を客観視する方法②「図示する」

言語化と同じくらい大切なコツが、図示することです。

先ほど、手書きの方が自由度が高いというお話をした際に、「言葉同士の配置・位置関係に意味がある」ということも述べました。言葉を並べて、似たもの同士をグルーピングする。対立関係にあるものを⇔のような記号でつなぐ。そういうことをして整理・体系化していくのも一種の「図示」です。

ただ、こういう作業をする際には、ある程度、言語化が進んでいないとうまくいきません。**自分が何を言いたいのかもよくわからない状況では、図を描いてみようにも、描くべきコンテンツが出てきません。**深く考えることが苦手な方は、まずは、言語化に注力してから、図示を試みることをおすすめします。

近年、グラフィックレコーディングなどの手法も注目されています。視覚的に情報が並べられていくことは、思考を整理していくためにとても有用な手法だと言えるでしょう。

とはいえ、自分ひとりで深く考えるという観点では、そんなに複雑なことをする必要はありません。誰かに見せるわけでもありませんから、思いつくままに情報を並べてみて、何か違うなと感じたら、また最初からやり直せば良いのです。

きれいな絵やイラストを描く必要もありません。直線が引けなくても大丈夫です。色使いも気にしなくて良いです。丸や四角を描くことに抵抗があれば、文字だけでも全く問題ありません。**「自分がわかれば良い」「自分の思考が広がれば良い」と割り切って、どんどん情報を具現化していきましょう。**

基本的な考え方として、手書きに近い方が、発想を広げやすくておすすめです。入力方式による制限がない方が、思いつくままに記述できるためです。

図示に取り組む場合、**物理的なスペースは広い方が良い**です。新しいことを思いついたときに、それを書くスペースがないという事態を避けられます。ページを分けてしまうと、関連性を視覚的に表すのが困難になります。紙であればA4以上、もし可能ならA3サイズが用意できるとベストです。ホワイトボードを使うというのも良案です。

また、書いたり消したりを繰り返すことになりますので、**消せる、書き直せる、という機能がある方が便利**です。私は、ホワイトボードや電子ペーパーなどを用いることが多いです。紙の場合は（書き味に問題なければ、ですが）フリクションペンを使うと良いかもしれません。もちろん、二重線や×印で消したりしていく形式で進めても良いです。多少、見づらくなるでしょうが、大勢《たいせい》に影響はないと思います。

付箋《ふせん》に書いて、それを壁やホワイトボードに貼っていくという手法もあります。自由に配置を変えられるため、似た内容をグルーピングしたいときなどによく使われます。同様のことをデジタルツールで行うこともできます。付箋ツールなどもありますが、私はパワーポイントを使っています。コンサルタントという職業柄、慣れ親しんだツールであることが選定理由ですので、皆さんはGoogle Slidesでも、Keynoteでも、その他、何でも結構です。いずれにしても、こういうツールを使うと「文字や線を自由に書き直せる」「付箋のように配置を変えられる」「同じ内容をコピーして、別の考えを書き足していくことができる」などの利点があります。

思考を客観視する方法②「図示する」Ⅰ グルーピングする

思いつくままに情報を羅列《られつ》したら、グルーピングをしましょう。

晩ご飯を食べに行くときに、どこへ食べに行くかについて思いついたまま書き出してみたとします。例えば、「ファミリーレストラン」「焼鳥屋」「寿司屋」「居酒屋」「中華料理店」「ワインバル」と書き出しました。

これをグルーピングすると、「ワインバル」と「居酒屋」はお酒を飲む前提のグループに属しそうです。「中華料理店」「寿司屋」「焼鳥屋」は食べ物のメニューがかなり限定される行き先です。それに対して、「ファミリーレストラン」は料理が限定されません。

「いやいや、焼鳥屋もお酒を飲む前提だろう」という考え方もあっても良いです。その場合は、「焼鳥屋」は「ワインバル」「居酒屋」と同じグループに入れましょう。
また、「ワインバル」と「居酒屋」を「出てくる料理のバリエーションが広い」という観点で捉えて、「ファミリーレストラン」と同じグループに括《くく》ってもかまいません。

どのようにグルーピングするかは、ひとそれぞれ自由なのですが、ここで重要なのは「どの観点で、似ていると考えたのか」です。

ここでは、「お酒がメインであるかどうか」、あるいは「出てくる料理が限定される／されない」という観点でグルーピングしました。ほかにも、「料理のジャンルが洋風か和風か中華風か」という調理方法の観点や、「肉がメインかどうか」といったメイン食材の観点でのグルーピングも可能です。

その**「グルーピングの視点」を明確にすることで、あなたが考えようとしているものの輪郭がクリアになってきます。**

お酒の有無がグルーピングの優先順位として高くなっているのであれば、おそらく、あなたは、食事の際にお酒を飲みたいと考えているのでしょう。そうなのであれば、提供されるお酒の種類（ワイン、ビール、日本酒、焼酎《しょうちゅう》のどれを主に取り扱っている店なのか）といった深掘りの視点を持つことになります。

さらに踏み込んで、ビールの場合、「地ビール中心である」とか「ドラフトビールの提供が多い」とか、ワインの場合は「どの国のワインを取り扱っているのか」などを考慮して、お店の選択肢を増やしていくこともできます。

あるいは、反対に、お酒を飲めない参加者がいるという理由で、お酒の有無を気にしているのかもしれません。そうであれば、「ソフトドリンクの豊富さ」であったり、「各種料理の味つけの濃さ」や「ご飯物やパスタなどの炭水化物の種類」などの観点で、新しい行き先候補を洗い出していくべきだと気づくかもしれません。

仕事の現場、例えば、自社商品の売り込みのケースはどうでしょう。

まずは、相手のニーズと自社商品のセールスポイントを、思いつく限り書き出してみましょう。ここでは、仮に、ビル向けの清掃サービスを売りにいくとします。

パッと思いつくニーズは、

・料金が安いこと
・丁寧に清掃すること
・清掃頻度が高いこと
・窓やエアコンなども含めて、一括で全て受けること

などだと考えられます。

これをグルーピングすると、「価格」「サービス品質」「サービスの多様性」となります。

「価格」の観点で考えると、ほかにも、長期契約割引などを求めている可能性に気づきます。

「サービスの多様性」の観点では、「オプションサービスとして、どういうものが魅力的だろうか」という風に捉えることもできそうです。例えば、電球の交換などの消耗品の状況確認・在庫補充、観葉植物の水やり、機密文書の廃棄などのオプションが考えら

れます。あるいは、「それぞれのオフィスの勤務時間などを確認して、夜間電力活用など、電気代節約の提案をして欲しい」などもあるかもしれません。

と、洗い出してみると、「サービスの受益者が複数いるのでは」ということが見えてきます。つまり、ビルオーナーがうれしいサービスと、入居者がうれしいサービスにグルーピングできそうです。

そうすると、「サービス品質」を「ビルオーナー向け」「入居者向け」で分けて詳細化してみよう、と気づくかもしれません。

おそらくは、入居者ではなく、ビルオーナーが営業先となるのが普通でしょう。ビルオーナーと契約して玄関、エレベーター、廊下、トイレなどの共用部や、外壁やガラスなどの清掃と、定期的なゴミ収集などの最低限の入居者向けサービスを請け負うところがスタートです。その上で、個別の入居者に対して、各々の居室の清掃や、ゴミ収集頻度の追加などの個別サービスを提案していく流れになるでしょう。

ビルオーナーが喜びそうなオプションサービスをリーズナブルな価格で提供することでビル一棟の清掃サービスを請け負った上で、入居者向けに各種オプションサービスを

図3-1 「ビル向けの清掃サービス」のセールスポイントをグルーピングする例

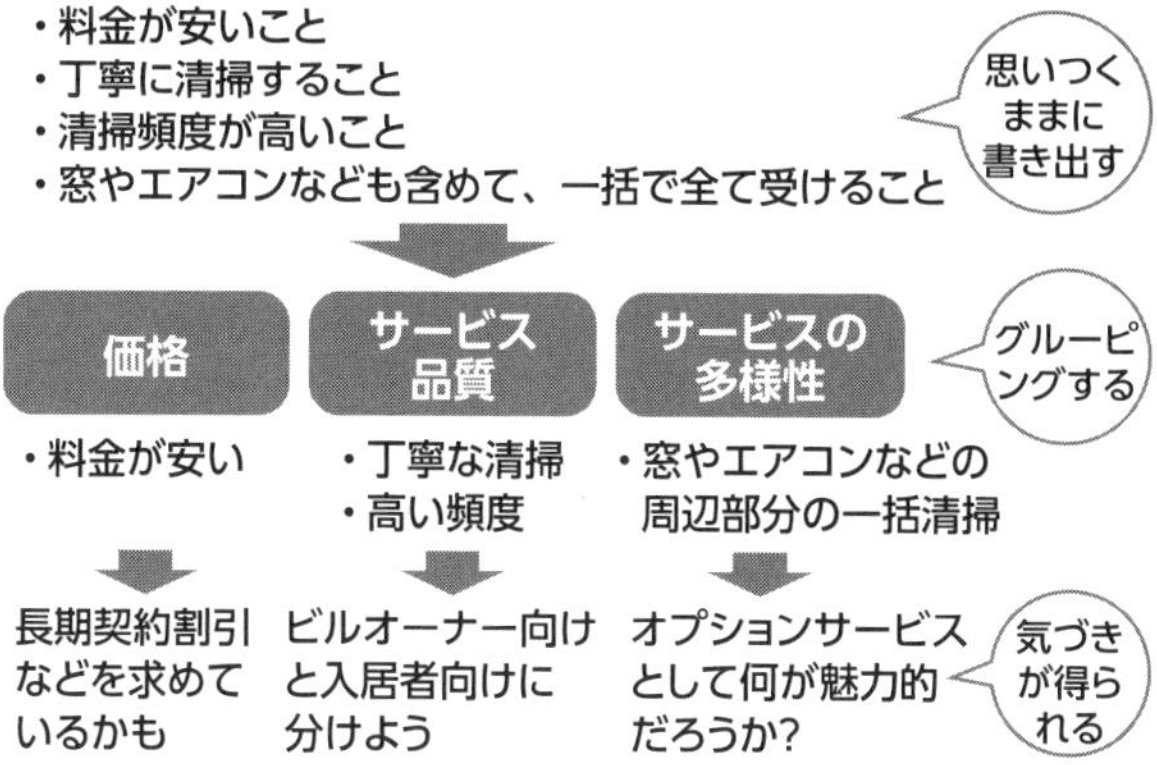

・料金が安いこと
・丁寧に清掃すること
・清掃頻度が高いこと
・窓やエアコンなども含めて、一括で全て受けること
思いつくままに書き出す
価格
サービス品質
サービスの多様性
グルーピングする
・料金が安い
・丁寧な清掃
・高い頻度
・窓やエアコンなどの周辺部分の一括清掃
長期契約割引などを求めているかも
ビルオーナー向けと入居者向けに分けよう
オプションサービスとして何が魅力的だろうか？
気づきが得られる

提案していく、といった展開が良さそうです（現実的には、管理会社が存在することも多そうです。そういう場合は、管理会社の手間が減るようなサービスも設計していくと良い、という話になるのでしょうね）。

このように考えた上で、今度は、自社のサービスの特徴が、これらのニーズと合致しているかどうかを書き出していきましょう。自社のセールスポイントと、顧客ニーズを紐付けていくわけです。

いくら顧客ニーズがありそうだと思っても、現在の自社のサービス内容とあまりにかけ離れていては、提供できません。もちろん、今ない機能やサービスも新しく追加していくこともできますが、ひとまずは「今の自社で、どこまで対応可能か」を見極めていくところからスタートすると良いでしょう。

このように、**いろいろな言葉を書き出して、それを、あちこちに移動させたり、線でつないだり、丸で囲ったりしながら、考えを深めていくことが、図示の基本**となります。

思考を客観視する方法❷「図示する」Ⅱ 関係性を整理する（対立関係、矛盾）

グルーピングする、すなわち、似た概念を集合体として集めると、今度は、それらの間の関係性について考えることになります。

料理の話であれば、ジャンクフードとヘルシーな料理は、真逆の存在となります。グルーピングをした際には、その二者の間には「大きな距離がある」配置になっているでしょう。

あるいは、料理に使える予算の大きさと、その美味しさには、一般的には比例関係が成り立ちそうです（例外はあるでしょうが、少なくとも、同一ジャンル内においては、正の相関関係があると考えられます）。この場合、「予算を抑えたい」と「美味しいものを食べたい」は両立しない、と捉えられます。いわゆるトレードオフの関係性です。

同様に、「ジャンクフードを食べたい」と「健康になりたい」も、両立が難しいですね。

このようなトレードオフにあるものを両立させたい、ということになると、論理的な矛盾を抱えることになります。**「あなたの考えていることに、矛盾が含まれていないか」は、極めて大切な視点です。**

仕事の例を挙げて、もう少し深掘りしてみましょう。

例えば、「利益を増やしたい」という話があったとします。利益を増やすための方策は、大きく分けると「売上を増やす」と「コストを下げる」の2つです。思いつく限りの施策を列挙しても、結局は、このどちらかにグルーピングされます。

ただし、ここで重要なのは、「売上も増えるが、コストも増える」という打ち手がたくさん存在するということです。

例えば、「広告を打って商品の認知を上げる」という手段を取ると、広告費というコストがかかります。一つの商品の販売価格が1万円で、その利益が1000円だとすると、10万円の広告費をかけるなら、100個売って、100万円の売上を作らなければ、利益とコストが釣り合いません。

ほかにも、「代理店を使って拡販する」という場合は、販売価格よりも安い卸価格で売ることになります。先ほどの1万円の商品を9500円で卸す場合、利益は500円になります。この代理店が新しい顧客をどんどん開拓してくれるならば、コストを増やさずに売上を増やす効果が得られますので、利益はどんどん大きくなります。しかし、もし、既存の顧客が、この代理店経由で購入するようになってしまった場合、商品一つにつき▲500円の利益押し下げの影響が出てしまいます。

一方、「コストを下げるが、売上も下げる」という打ち手もあります。

先ほどの広告の例の逆方向で「現在行っている広告をやめてしまう」などが、それにあたります。広告をやめればその費用が浮きますから、コストは確実に下がります。しかし、それによって購入する人が減る可能性がありますので、売上も減ります。したがって、利益が増えるかどうかは、削減される広告費と減少する販売数のバランスを見て判断する必要があります。

営業担当者を減らすとか、直営店を閉店するとか、そういう活動も、コスト削減に直結しますが、売上低下につながることが予想されます。

「値上げする」とか「値下げする」という打ち手も、一筋縄《ひとすじなわ》ではいきません。

値下げは、純粋に利益を削る行為です。卸値のお話でお気づきの通り、たった5％の値下げによって、50％の利益減となっています。この例で言えば、5％値下げするなら、販売数が2倍に増えなければ利益が減ってしまうわけです。

反対に、値上げは利益向上に直結します。5％値上げすれば、利益は1・5倍になります。つまり、先ほどの1万円の商品を1万500円にすることができれば、商品一つ

図3-2 「利益を増やすための打ち手」の関係性を整理する例

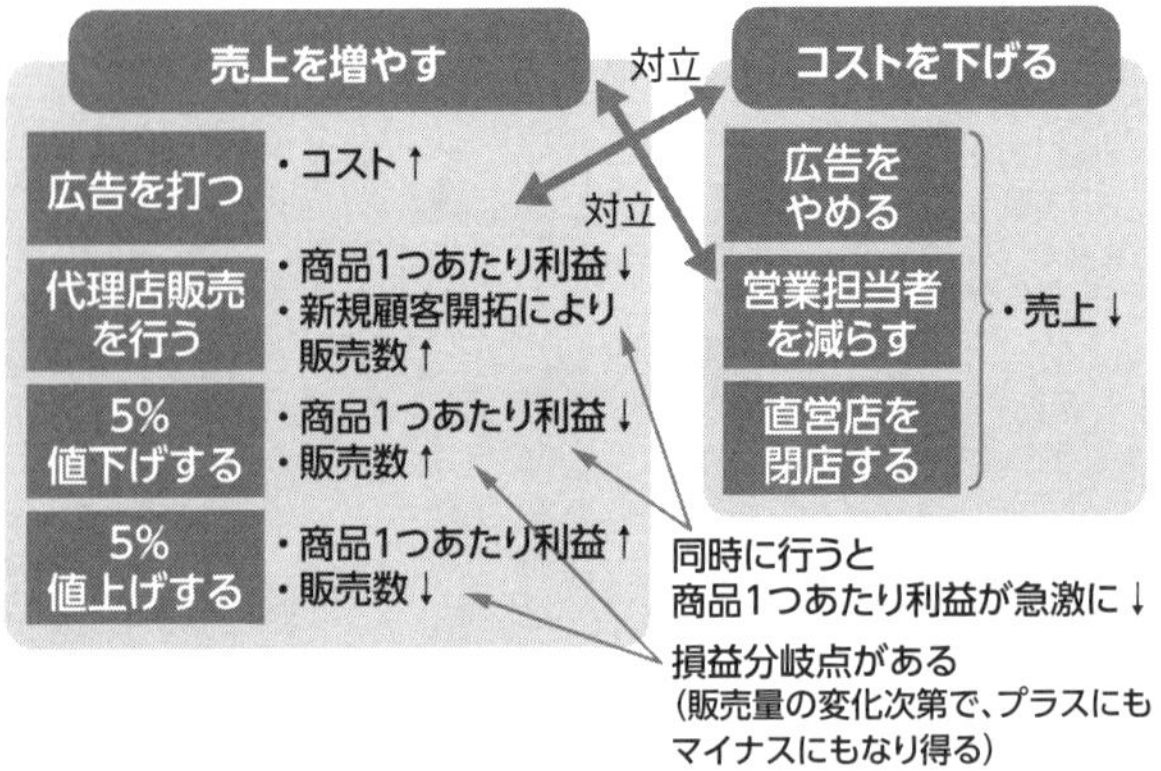

あたりの利益が1500円に増えますので、販売数が3分の2に減っても同じ利益を稼ぎ出すことができます。

これらの打ち手は、単独で行うわけではなく、いくつかを組み合わせて行います。その際に、**相反する打ち手を実行すると、それぞれの良さが失われてしまうおそれがあります。**

「値下げ」と「代理店販売」を同時に行うと、商品一つあたりの利益の低下が加速してしまいます。

反対に、「営業担当者を減らす」と「代理店販売」であれば、営業人員分のコスト削減効果を得つつ、代理店での販売増によって売上低減を補う、ということになるでしょう。

このように考えるためには、**それぞれの打ち手が、何に影響するのか、ということをしっかり考えた上で、それらの「関係性」を理解していかねばなりません。**

グルーピングされた情報群を眺めて、それらが互いにどのような関係性にあるのかを様々な角度から見ていくことにより、自《おの》ずと考えが深まっていきます。

思考を客観視する方法② 「図示する」Ⅲ 重なりを理解する（ベン図を描く）

複数の概念の関係性を表現する際に、その重なりを示す「ベン図」を用いることもあります。複数の円を描き、それらが重なっているのか、あるいは重なりがないのか、を記述します。

重なりとは、ＭＥＣＥ（モレなし、ダブりなし）で言うところの「ダブり」がある状態です。「20代」と「30代」は、重なりがありません。それぞれ独立した別の概念です。

しかし「20代」と「若者」は、重なりがありそうです。場合によっては、「若者」が「20代」を内包するという定義もできそうです。

この「重なり具合」を示すのが「ベン図」です。

ベン図そのものは、思考を深めるというよりは、物事を整理するために使われるものなのですが、少し違った使い方も可能です。

例えば、「スターバックスが好きな人」と「ディズニーランドが好きな人」の円を描いてみてください。両者は重なっていますか？　重なっていませんか？

あるいは、「ファミリーレストランによく行く人」と「自宅にワインセラーがある人」の円の場合はどうでしょう。重なっていますか？　重なっていませんか？

重なっていないのであれば、あなたの中で、それは「完全に独立した概念」ということになります。「スターバックスが好きな人の中に、ディズニーランドが好きな人はいない」、もしくは「ファミリーレストランによく行く人は、自宅にワインセラーはない」と、あなたは思っているわけです。

一方、両者が重なっていると思ったのならば、そこには「スターバックスも、ディズニーランドも、どちらも好きな人」、もしくは「ファミリーレストランに通うワイン愛好家」もいる、と考えていることになります。

さて、その人たちは、いったい、どういう人だと、あなたは思っているのでしょうか？

例えば、ファミリーレストランとワインセラーの例であれば……

1．自宅で日常的にワインを飲むが、よく行くファミリーレストランでは飲まない人
2．自宅でもワインを飲むし、よく行くファミリーレストランでも飲む人

の2パターンが考えられます。

1の場合は、自分好みの美味しいワインを家で飲むが、（一般的に、ワインの品揃えに対するこだわりが低い）ファミリーレストランでは飲まないのではないか、と考えられ

図3-3　「ベン図」で発想を広げる例

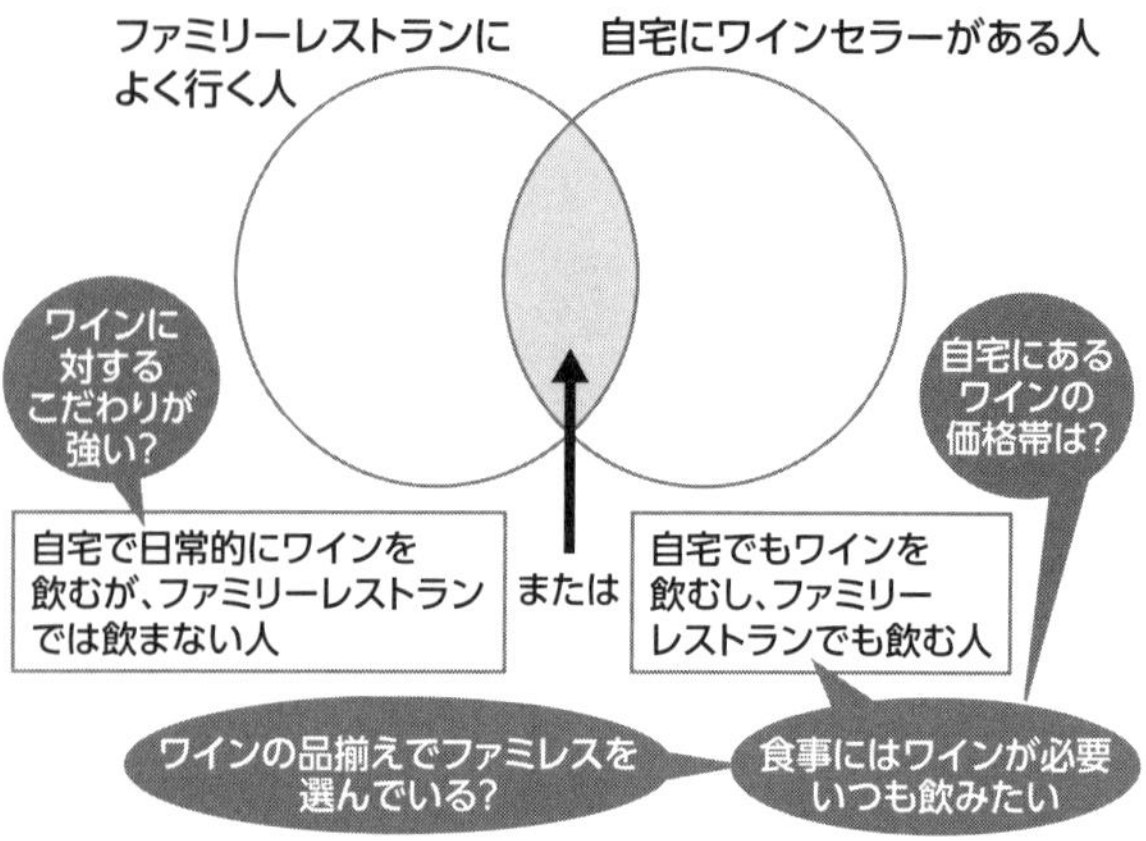
ファミリーレストランによく行く人
自宅にワインセラーがある人
ワインに対するこだわりが強い？
自宅にあるワインの価格帯は？
自宅で日常的にワインを飲むが、ファミリーレストランでは飲まない人
または
自宅でもワインを飲むし、ファミリーレストランでも飲む人
ワインの品揃えでファミレスを選んでいる？
食事にはワインが必要いつも飲みたい

ます。すなわちその人たちは、ワインに対するこだわりが強く、気に入らないワインを飲むことはしない。もしかすると、そもそも、外では飲酒さえもしないのではないか、などと想像できます。

2の場合は、心底ワインが好きで、ファミリーレストランを選ぶ際にも、ワインの品揃えが良い店に行くようにしているのかもしれません。さて、その場合、自宅にあるワインの価格帯はどうなっていそうでしょうか。高いワインですか？　安いワインですか？　それによって、何か、印象が変わってきませんか。

ここで、新しい観点が出てきました。

図3-4 「ベン図」で発想を広げる例

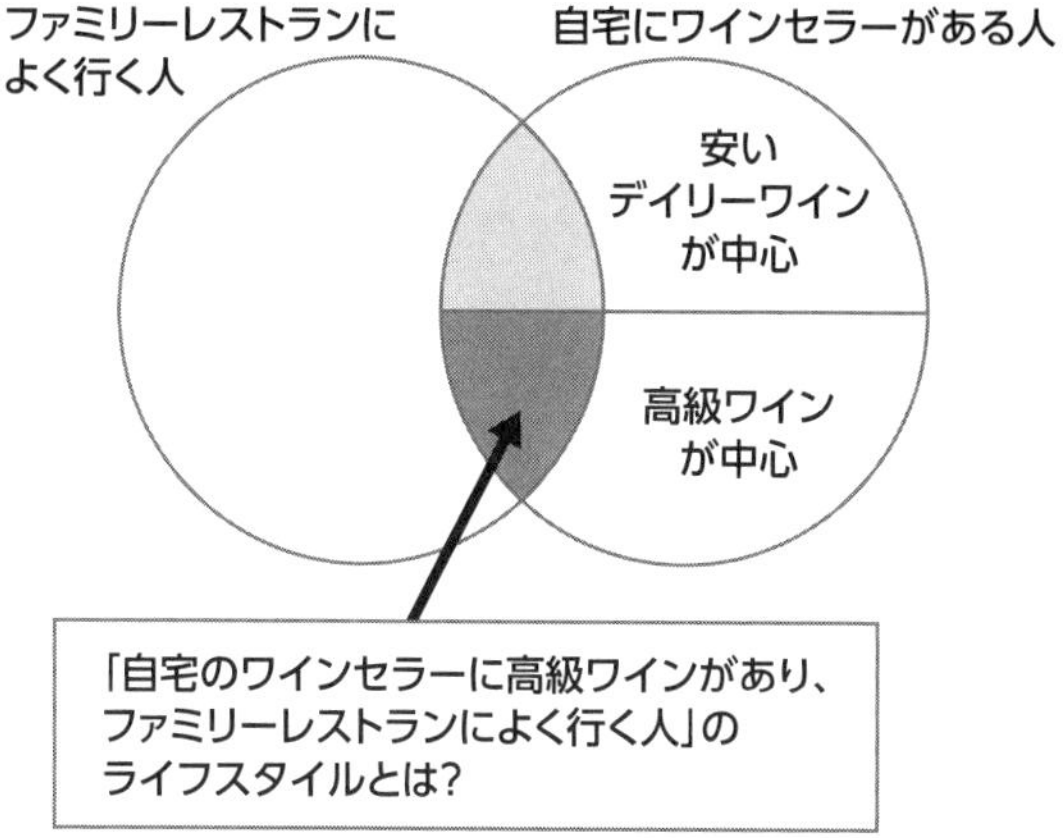
ファミリーレストランによく行く人
自宅にワインセラーがある人
安いデイリーワインが中心
高級ワインが中心
「自宅のワインセラーに高級ワインがあり、ファミリーレストランによく行く人」のライフスタイルとは?

「自宅のワインセラーの中身」です。

先ほどの2つの円のうち、「自宅にワインセラーがある」を真ん中で分割できます。「安いデイリーワイン中心」と「高級ワイン中心」に分けるのです。

そうすると、「自宅にデイリーワイン かつ ファミレス好き」「自宅に高級ワイン かつ ファミレス好き」「自宅にデイリーワイン かつ ファミレスに行かない」「自宅に高級ワイン かつ ファミレスに行かない」、および、「自宅にワインセラーがない かつ ファミレス好き」の5つに分けることができます。

さて、それぞれ、いったいどういう人た

ちなのでしょうか。

こうして考えてみると、「自宅のワインセラーに高級ワインを入れているが、記念日など特別なタイミングで抜栓《ばっせん》する程度で、自宅でも外食時でも普段はほとんどお酒を飲まない」という人がいるかもしれない、と気づきます。その上で、そういう人がファミリーレストランに通っているということは、どういうライフスタイルの人なのだろうか……？　などと発想を広げることもできるでしょう。

より深く、具体的に考えるためには、脳内のイメージを図として示すことが有用です。そこに描かれたものを眺めながら、**「この重なりは、どういう意味だろうか」と深掘りしていくようにすれば、より具体的に、より詳細に、物事を突き詰めて考えていくことができます。**

思考を客観視する方法②「図示する」Ⅳ 時系列に並べる（フローチャート）

時系列に並べて描くことも、非常に使い勝手が良いやり方です。

物事の流れを図示する際は、上から下、もしくは、左から右に描いていくのが一般的です。その中でも、**時間軸については、明確な理由がない場合は「左から右」に統一しておく**ことをおすすめします。

今回ご紹介するのは第2章でも触れたフローチャートですが、何かを視覚的に示そうとするときに「時間の流れ」を用いることは非常に多いです。そういうときに「横軸」を時間にしておくと、迷いにくくなります。数値情報を時系列で表すグラフを描画する際には、まず間違いなく、横軸が時間の流れです。時間経過と共に、売上がどのように変化したか。時間経過と共に、ユーザー数がどのように増えていったのか。そういったことを示すときに、縦軸が「時間の流れ」になることはありません。

それを踏まえ、特に数値情報を扱わない場合であっても、時間の流れは横にしておくべきです。そうすることで、「その流れに沿って、何らかの数値情報を表現したい」ということにも、迷わずに情報を追加することができます。

さて、フローチャートです。読んで字のごとし、「フロー（流れ）のチャート（図）」です。先ほどご説明した通り、左から右に時間軸を流して表現しましょう。

要は、物事の流れを、左から右に向かって、順番に図示していくだけです。

なお、パワーポイントなどを使う際には、横に長い画面に記述していくため「左から右」で表現していくことが鉄則なのですが、スペースの制約がある場合には、「上から下」でもかまいません。本書でも、一部、上から下の表現を用いています。しかしながら、「右から左」「下から上」の表現をすることはありません。

目覚める　↓　布団から出る　↓　洗面所に行く　↓　顔を洗う　↓　歯を磨く
↓　コーヒーを飲む　↓　トイレに行く

はい。これが、朝の行動のフローチャートです。

チャートなので、ただ字で書くだけではなく、四角形や楕円形《だえんけい》の中に「目覚める」「布団から出る」などと記入して、それを矢印でつないでいく方がそれっぽいのですが、

図3-5　朝の行動のフローチャートの例

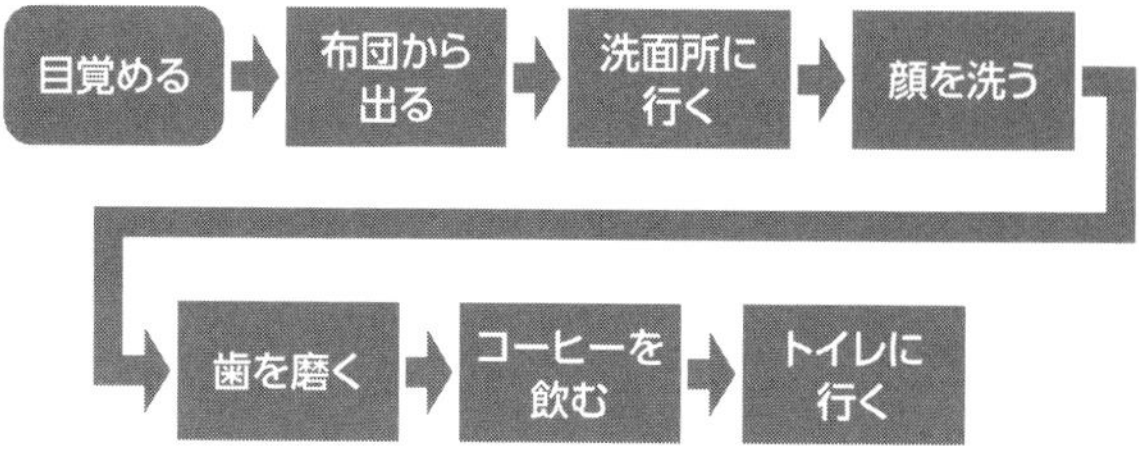

本質的には文字と矢印でもかまいません。

ただし、業務において「フローチャート」を成果物として作成する、コミュニケーションツールとして用いる、という際には注意が必要です。そこで使用する図形には、一定のルールがあります。例えば、**「処理」は横長の長方形、「開始／終了」は円を横に引き延ばした形、「分岐」は菱《ひし》形《がた》、「ループ（繰り返し）」は台形**、などです。

あなた自身が深く考えるため、というだけなら、これらのルールを覚える必要はないのですが、誰かに見せて説明する可能性が少しでもあるならば、多少の配慮をしておくに越したことはありません。

ただし、この中で、「分岐」の菱形だけは必ず覚えてください。

この**「分岐」をうまく使えるかどうかが、物事を深く考**

図3-6　フローチャートでは「分岐」をうまく使えるかがポイント

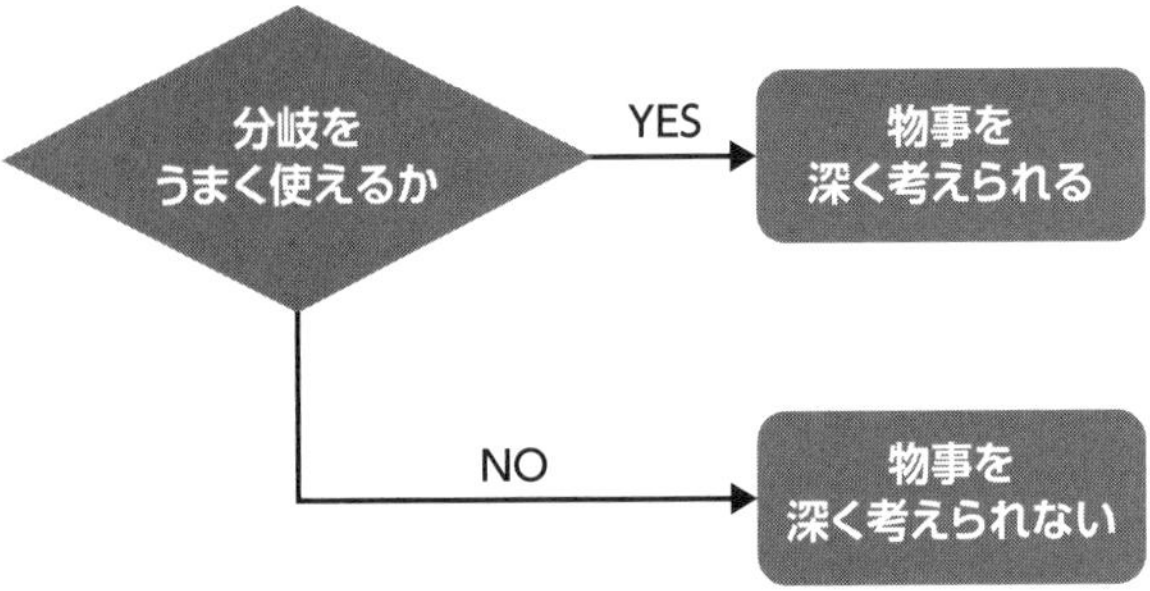

えるための分かれ目です。

先ほどの起床後の行動で言えば、

目覚める　↓　布団から出る　↓　洗面所に行く　↓　顔を洗う　↓　歯を磨く

までは同じだとしても、その次に、

〈分岐：休日か？〉

が挟まり、

YES（休日）：↓　ミルクティーを飲む　↓　新聞を読む

図3-7 朝の行動のフローチャートの例

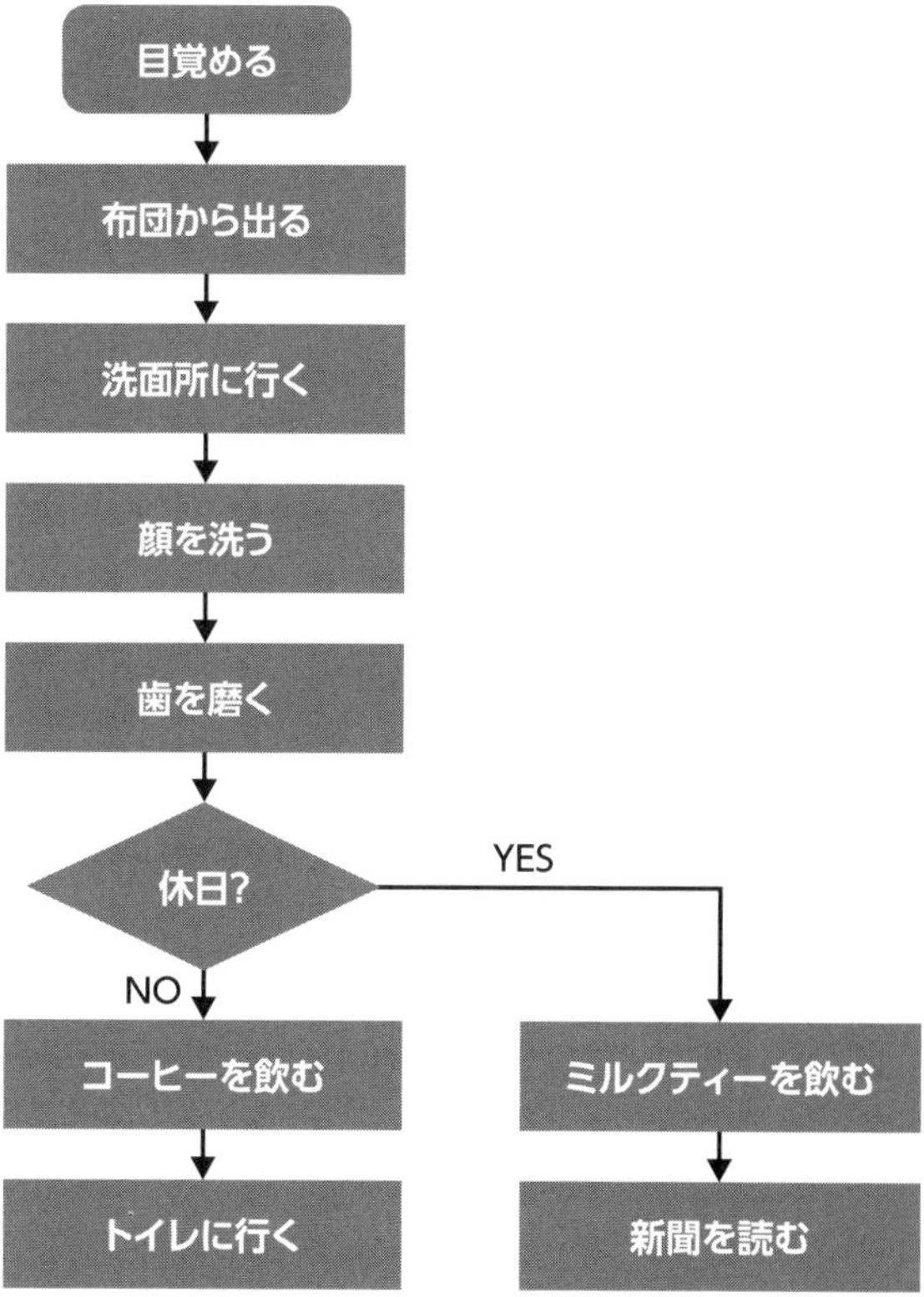

NO（平日）：↓　コーヒーを飲む　↓　トイレに行く

となることは、十分にあり得る話でしょう。

そもそも、物事の流れを時系列で考えていくことは、モレが発生しにくくて有用です。それを図として記述していくことで、より具体的にイメージすることができます。

さらに、そこに「分岐」を挟むことで、「ある条件を満たした場合には、別の流れに遷《せん》移《い》する」ということを表現できますから、「より実態に即した流れ」として、情報を付与していくことができます。

この手法を用いていくことで、フローチャートに限らず、時系列の流れを描き表していくことができます。

仕事の現場であれば、

・現場の作業フロー：どの順番で、どういう作業を、誰がやるのか。ミスが発覚すると、何らかの手続きを踏んだ上で、手前のステップに戻ってやり直し。

・提案営業の流れ：まず、顧客の課題を聞き、次に、自社サービスで解決できる部分を説明し、その次に、予算を確認し……といった流れ。相手のニーズや予算によって提案するサービスの内容などが変わる。

・社内稟議《りんぎ》のステップ：どんな内容の稟議は、誰にどの順番で回すのか。金額などの条件によって、誰まで回すのかなどが変わる。

・機能追加ロードマップ：理想とする製品機能群を実現するために、どのような順番で、どういう機能を追加していくのか。顧客ニーズやリリース後の反応によって、開発優先順位などが変わる。

などが、時系列の流れに相当します。いずれも、時間軸の流れに沿って、物事の順番を記述しながら、必要に応じて分岐を差し挟んでいくことで、具体的かつわかりやすく表現できます。

これを描いてみると、頭の中で「こういう感じかな」とぼんやり思っていたものでは足りないと気づかされるはずです。

例えば、先ほどの、朝の行動についても、「朝食のメニューは、冷蔵庫の中身によって分岐している」とか、「何曜日かによって、観るテレビ番組が分岐している」などの分岐があるかもしれません。

こうしたことをしっかりと「具体的にイメージする」ことができれば、あなたの頭の中がよりクリアに整理されてきますし、そこから新しい発想を生み出すことにもつながるでしょう。

このように様々な図示を行うことで、頭の中が整理され、思考が深まっていきます。

こうした作業の過程で、多くの「フロー型メモ」が生み出されます。その大半は捨ててしまうことになると思いますが、わかりやすく描けたフローチャートや良くまとまっ

た構造図がある場合には、「ストック型メモ」として残しておくと、後々便利です。

もちろん、「ストック型メモ」を作る作業に大きな時間を割いて「考える時間」が減ってしまうのは本末転倒です。しかし、綴《つづ》りノートに転記する、パワーポイントの別ファイルに切り出して保存する、などのひと手間をかけることは、情報の再利用性を高めます。

こうしてまとめた「ストック型メモ」は、考えた結果を誰かに説明する際に使えたり、また別の機会にその内容を転用したりすることにもつながり、あなたの思考生産性を上げる一助となります。

アウトプットを客観的に眺める

言語化、あるいは、図示を行うことは、「自分自身の中にあるものを外部に書き記す」という行為です。この活動を行うことの最大の便益は、**ぼんやりと思っていたものが、具体的になり詳細化されていく**ことです。

この過程において重要なのは、書き記されたものを見ながら、「ああでもない、こうでもない」と試行錯誤を繰り返していくところです。これは、さしずめ、ジグソーパズルを組み上げるようなものです。似た色のもの同士を集めて、形がうまくはまりそうなものを組み合わせる。形がうまくフィットしなければ、また別のピースを持ってきて試してみる。そういう繰り返しによって、思考が組み上がっていきます。

お気づきの通り、言語化、図示を行う中で、頭の中に思い浮かんでいるあれこれがジグソーパズルのピースとして、紙の上に書き出されていくことが大きなポイントです。テキストであれ図であれ、ひとたびアウトプットとして、自分の外に具現化されたものは、自分自身と切り離した存在として、客観的に捉えていくことができます。

もちろん、精魂込めて作った資料や、練りに練った企画書には、思いが込もっていますから、誰かに否定されると「何でそんなことを言うんだ」と思ってしまうこともあります。アウトプットを自分の分身のように感じてしまうわけです。

しかし、思考を深め、発想を広げていく過程においては、そうした思い入れは逆効果です。積極的に、自分自身と切り離して、客観視していくことを心がけましょう。

コツとしては**「他人が作った資料だと思う」**ことです。

もともと自分が思っていたことですし、自分が紙に書いたものなのですが、その意識を一度捨てて、「これは、どういう意味だろうか」「これは、正しいだろうか」という観点で眺めてみるのです。

余談になりますが、私が駆け出しコンサルタントの頃、上司や先輩から非常に厳しいレビューを受けていました。完膚《かんぷ》なきまでに叩きのめされるという表現が適するくらいの厳しさで、作った資料の原型をとどめないのが当たり前という状況でした。

この状況は非常にツラいもので、精神的にも苦しいものでしたが、その一方で「新しい視点」を与えてくれる貴重な機会でもありました。

コンサルタントという仕事は、誰よりも深く考えることが求められます。そのため私は、この学びの機会を最大限に活用することが、コンサルタントとしての成長の鍵だと捉えました。そのため、こういう状況において、**「手直しされているのは僕ではなく、この紙である」**と考えることにしました。そうすることで、否定されているのは私自身ではなく、アウトプットとして私から切り離されたものであると捉えられ、レビュー内容を素直に受け止められるようになるわけです。

ちなみに、同じようなツラい経験をすると、誰しも同じようなことを考えるようなのですが、ある先輩は「上司と一緒になって、自分の紙をレビューする」という風に考えていたそうです。彼は自分のアウトプットに対して「確かに、これ、ぜんぜんイケてないですね。いったい誰が作ったんですかね」と言えるくらいまで客観視していたそうです。

いずれにしても、書き出されたものを自分と切り離して、そのアウトプットがより良いものになるように改善ポイントを見つけ出すことは、思考を深めるための重要なテクニックです。

加えて、誰かに指摘されたことを「指摘された具体的な内容」だけではなく、**「その指摘に至った理由」、すなわち「その人の発想や着眼点」まで踏み込んで理解しておくことができると、自分の中に優秀なレビュアー人格を持つことができます。**

客観的に物事を見ると言ったところで、普段の自分と同じ態度だけで取り組んでいては、物事の切り口が単調になってしまいます。「あの人ならこういうことを言いそうだ」「あの人ならこういう整理をするだろう」といった視点を提供してくれる人格を持つことは、思考を深めていくための有用なコツの一つです。

自分のメモを音読する

さて、客観視することの有用性はご理解いただけたことかと思うのですが、とはいえ、最初のうちはどう取り組んだら良いか悩ましいことかと思います。では、具体的にどういう工夫をすれば、自分のメモを客観的に眺めることができるのでしょうか。

私がおすすめしたいのは「音読」です。声に出して読む。これです。

多くの人は「黙読」で済ませます。文章や単語を目で追って、しっかり問題なく読めていると感じ、そして、論理的矛盾はないという結論に至ります。しかし、実際には思考をうまく表現できていない、論理的に整理できていない、という状況に陥ってしまいがちです。

それが発覚するのは、実際に、ほかの誰かに考えを説明しようとしたときです。それでは遅いのです。その手前の段階で、自力で考えの穴を潰し込んでおくべきです。

そこで「音読」です。

文章の場合は、最初から最後まで通して読んでみましょう。意味の通った文章は、ストレスなく読めます。「何かつっかえるな」「わかりにくいな」と感じたら、そこには何かおかしな表現が紛《まぎ》れ込んでいます。目で見た文章を、脳を通して口から出す。そして、その音を耳から聞いて、再度、脳に戻して理解する。このサイクルです。

音読しようとすると、目の前の文章の一言一句を理解しようと努めます。そして、それが耳から聞こえてくると、完全に自分とは切り離された客観的な情報として、その内容を捉えるようになります。

英語学習の練習法として「シャドーイング（shadowing）」というものがあります。英語を聞きながら、聞こえたままを発音してみる、という手法です。うまく聞き取れていないと同じことは言えませんから、自分がどの程度聞き取れているかを自覚することができます。また、同時に期待される効果として「聞き取ることに注力する」という意識が磨かれます。

音読で目指すところもそれと非常に近く、「読むことに注力する」「読めているかどうかを自覚する」ということがゴールです。

ただ、シャドーイングの場合は、聞いている英語は常に正しいという前提で取り組みますが、音読の場合は、読んでいる文章が正しくない可能性に目を向けましょう。読んでいる文章の意味が通らない場合は、それをどう直していくかを考えていくわけです。

図の場合は、単語を音読するのみならず、その構造について声に出して説明してみま

しょう。そのアウトプットを、初めて会う誰かに説明しようとしたときに、あなたはどのような表現で、どの順番で説明するのでしょう。

必ずしも、「完成したものを説明する」と捉えなくてもかまいません。誰かに相談する、誰かと議論するという前提で、「自分は、このように考えている」「このあたりに悩んでいる」「ここについてはどう思うか」などを誰かに話す〝つもり〟で説明を試みましょう。

そういう相談をするためには、「自分がどの程度の深さで考えたのか」「そのときに置いている前提は何か」「どういう論理構造でここにたどり着いたのか」を言語化しておく必要があります。

ここが、まさに「思考の深さ」の現れるところです。

第4章

思考スピードを上げる技術

考える速度は技術で上げられる

考える速度を上げたいと思っている方は多いでしょう。

実際のところ、思考速度は人によって全く違います。思考が速い人は、はたから見ていると「考えた」というよりは「気づいた」「思いついた」という風に見えます。

しかし、彼らも、しっかりと手順に則って考えています。その場の思いつきで話しているわけではありません。

では、どうすれば、彼らのようになれるのでしょう。

もちろん、天性の才能や地頭《じあたま》の良さという、簡単には覆《くつがえ》せない能力差によって生じる速度の違いもあるでしょう。その一方で、**思考法、考える技術によって、思考速度を高めることも可能**だと私は捉えています。

いきなり天才的なひらめきを手にすることは難しくても、考える速度を高めて、自らの思考生産性を高めていくことに注力しましょう。

この章では、思考が速く「見える」テクニック、「思考のショートカット」をご紹介します。

思考パターンを理解する

まず、最初に行うのは、**自分の論理的な思考プロセスを「意識」する**ことです。

単に「思いついた」「何となくそう思うから」ではなく、「なぜそう考えたのか」「理由は何か」「ほかの考えとは何が違うのか」というところを突き詰めて理解しましょう。

「風が吹けば、桶屋《おけや》が儲かる」という話があります。普通に考えれば、風が吹いても、桶屋は儲かりそうにありません。その間に様々な理由（原因）と、それによって引き起こされる事象（結果）があるから成立するわけです。

同様に、あなたが、何かを思いついたり、考えたりしたときにも、きっかけ（風が吹いた）と、思いついたこと（桶屋が儲かる）の間に、多くの原因と結果があるはずです。

ここを解き明かし、類型化していきましょう。


例えば、二日酔いの日の昼ご飯に、うどん屋さんで、月見うどんを食べることにした、とします。

これは、

・二日酔いなので、気持ちが悪い
・だから、消化に良さそうな食べ物が食べられるうどん屋さんに行った
・そこでも、油っこいものは極力食べたくないので天ぷらは除外
・さらに、刺激物も避けたいのでカレーうどんも除外
・とはいえ、タンパク質は補給したいので、玉子を追加

というような思考が働いたのではないか、と想像できます。

この例は、お酒を飲んだ翌日の昼ご飯のメニューを選ぶ際の条件のお話です。

この人は、油っこくない、刺激もない、消化に良い（胃に優しい）、タンパク質がとれる、という条件で選択しているということです。

当たり前だと感じるかもしれませんが、世の中には「刺激物を食べて汗をかきたい」「がっつり系を食べて胃を起こしたい」と考える人もいますので、やはり言語化して、原因と結果の連鎖を理解しておくのは悪いことではありません。

調子の良かった飲食店が経営難になった理由を考えてみる

続いては、ビジネスの現場でありがちな例を用いて、考えてみましょう。

例1：ある飲食店が、調子が良いからと店舗を増やした結果、経営難に陥ってしまう。

この話を聞いてどう感じますか。

調子が良いので、店舗を増やす。考え方としては特におかしくないように思えますね。しかし、うまくいかない。増やした店だけでなく、元々のお店の方まで経営が苦しくなってしまう。そういう話があるとします。


これを、順序立てて理解してみましょう。

飲食店が調子が良い。たくさんのお客さんがきてくれて、繁盛している。そこで、事業拡大を考えた。ここまでは普通のお話です。

問題は、次です。

店を増やすということは、新しい場所に、新しいお店を作る、ということです。最初に初期投資がかかります。内装を整えて、調理器具や調度品を揃えます。食器類も必要になります。また、賃貸物件であれば敷金や礼金、各種手数料なども発生します。この負担が重すぎた、ということが考えられます。

しかし、それだけであれば、増やした店の方はうまくいかないにしても、元のお店の方は問題なく繁盛し続けるはずです。まだほかにも原因がありそうです。

考えられるのは、元の店のリソースを新店に回してしまった、というケースです。最も大きいのは人材です。料理人はもちろんですが、接客担当も重要な人材です。その人たちが新店に移った場合、元の店の料理の味が落ちて人気がなくなったり、接客の内容が変わったことで常連さんが離れてしまったり、ということが起こります。

加えて、新しい店のマネージャーが機能していないような場合には、料理人や接客担当の管理がうまくできず、新店のサービス品質が上がらない、ということにもなりかねません。

ほかにも、厳選していた食材を2店舗分用意しようとしたために、品質が落ちてしまった、なども考えられます。

ここからは、

・新店を出すかどうかは、「今の店の品質を保てるかどうか」を見極めた上で決める

・特に、人材（管理者、料理人、接客担当）の質は極めて重要
・場合によっては、食材や各種調度品などの品質についても、熟慮すべき

という示唆《しさ》が得られます。

大々的に広告を打ったのに売れない理由を考えてみる

続いては、こんな例はどうでしょう。

例2：新商品の発売に伴い、大々的に広告を打ったが、思うように売れない。

先ほどの例と同様、よりたくさん売りたいと思って実行した打ち手が、うまく機能しなかったお話ですね。

「新商品ができたので、それをできるだけ多くの人にお届けしたい」と思うのは自然な

ことです。そのために、まずは、その商品のことをたくさんの人に「知ってもらう（認知してもらう）」という考えも違和感がないと言えます。

しかし、うまくいかなかった。

さて、どんな理由が考えられますか？　少し、考えてみてから、次に進んでください。


マーケティングの一般的な考え方として、「認知段階、感情段階、行動段階の3段階を経て購買に至る」というものがあります。ＡＩＤＭＡという言葉を聞いたことがありませんか。顧客が商品を知り、購買するまでのステップを「Attention（注意を引く）」「Interest（興味・関心を持つ）」「Desire（欲しいと思う）」「Memory（商品のことを記憶する）」「Action（実際に購入する）」という風に分解して捉えた考え方です。昨今のビジネス事情に合わせて、ＡＩＤＡや、ＡＩＳＡＳなど様々なバリエーションが生まれていますが、根底に流れる思想は同じだと思っていただいて良いでしょう。

今回は、このＡＩＤＭＡプロセスの冒頭の「注意を引き、興味・関心を持ってもらう」という部分を、大規模な広告で取りにいった、ということです。

それが失敗したということですから、最初に、次のような「広告のやり方」の問題があったのではないか、と考えられます。

・広告が足りなかった：自社の基準では「たくさん」広告を出したが、世の中の基準と比べるとそこまでのインパクトがなかったのかもしれません。

・広告の出し先（掲載先）が適切ではなかった：雑誌広告であれば、対象読者が商品のターゲットと違っていたことが考えられます。デジタル広告でも、ターゲット設定が誤っていた場合には、狙った人に広告が届いていないということが起こり得ます。

・広告のメッセージがおかしかった：いわゆる「クリエイティブ」の部分が間違っていて、印象に残らない、商品の特徴やセールスポイントが伝わらない、などが起こっていたのかもしれません。

そもそも「広告を打つ」ということが誤っていた可能性もあります。例えば……

・実際に試してみないと、商品の良さが伝わらない：実際に手に取ってもらう、使ってみてもらう必要があった。

・すでに似たような商品を競合が出していた：認知を広く取るだけではなく「乗り換えたい」と思ってもらう必要があった。

などの事情がある場合には、サンプリング（試供品を街頭で配る）、雑誌の記事などで取り上げてもらって商品の良さを伝える、などのような「広告ではない手段」の方が良かったと言えるでしょう。

このように考えると、

・安易に広告を打っても失敗するリスクがある
・「ターゲットが誰なのか」「その人にはどうすれば情報が届くのか」を見極めることが大切
・商品の性質や特徴によっては、ただ情報を伝えるだけでは、購買に至らないことがある

などのポイントが見えてきます。

値上げで客数が減ったのに利益が増えた理由を考えてみる

もう一つ、考えてみましょう。

例3：ある温泉旅館がサービス改革を行い、価格を引き上げたところ、お客さんは減っ

たが、利益が大幅に増えた。

「サービス改革を行い、価格を引き上げた」ということですから、おそらく、設備も大幅に改修して食事の内容などもアップグレードしたのでしょう。温泉宿なら大浴場を刷新して個室岩盤浴などを設置したり、各部屋に露天風呂を追加したりしたのかもしれません。そういう変化に伴い、価格が上がるのは当然です。

そして、価格を上げるとお客さんは減ります。これも、至極《しごく》当たり前のことです。

が、この例では「利益は大幅に増えた」わけです。さて、何が起きているのでしょうか。

と言っても、これ自体はそんなに不思議な話ではありません。

利益は、売上からコストを引いたものです。例えば、利益率が20％だったと仮定すると、客数が変わらなければ、1割の値上げは利益が1・5倍に増えることを意味します。反対に、1割の値下げは、利益半減です。ビジネスにおいて、値上げすることのインパクトは非常に大きいのです。そのため、利益率と客数増減のバランスが取れれば、客数を減らして利益を増やすことは可能です。

仮に、これまで1泊1万円だったところを、3万円に上げたとします。原価ももちろん増えるでしょうが、例えば、値上げに伴って利益率が20％から30％に改善されたとすると、1万円×20％＝2000円から、3万円×30％＝9000円に利益が増えます。利益額は4・5倍です。

コストはそれぞれ8000円と2万1000円ですので、そちらも大幅に増えているのですが、利益額が4・5倍になっているということは、お客さんの数が半分になっても、利益は従来の2・25倍に増えるということになります。

加えて、温泉旅館などの事業のコスト構造は、大半が固定費です。大安売りしてでも人を宿泊させた方が利益が出るビジネスモデルです。そのため、「空室を埋めて利益を出そう」という話になります。

しかし、先ほど見たように、単価を上げることにより、宿泊人数が少なくても大きな利益を出せますから、そもそもの部屋数を減らすことができます。部屋数が少なければ、空室を埋めるための安売りの必要性も下がると考えられます。

また、無理矢理に部屋を埋めようとせずに、余裕を持ってオペレーションを回すことで、宿泊客もゆっくり過ごすことができ、リピート意向が高まるかもしれません（また、正規料金で滞在している人にとって、「安売りでお得に泊まっている人がいる」ということは、少し悔《くや》しいと言うか、あまり気持ちいいものではないようにも思います）。

そんなわけで、この例では、直感的には難しそうに感じる「客数減と利益増の両立」が実現可能である、ということがわかりました。

さらに踏み込んで、もう少し抽象化すると、

・値上げは直接的に利益に貢献する。値下げは利益には大ダメージ
・単価を上げて利益率も高められれば、客数の損益分岐点は大きく引き下がる

・販売目標数を減らすことで、在庫処分の安売りによるブランドイメージ低下も抑制可能

などの示唆も得られます。

このように、「順序立てて捉える」「原因と結果を紐付けて整理する」「理由を類推し、筋道を立てる」ということを行うと、自分の思考プロセスを理解することができます。

今回は、書籍というフォーマットの制約から、「与えられた〝例〟の理由を考える」というスタイルで進めましたが、実際には、日々の「あなた自身の考え」に対して、いったいどういう論理構造でそこにたどり着いたのかを明らかにする、という風に進めてください。

こうして洗い出されてきたものが、あなたの思考のパターンです。これをしっかりと意識していくことで、**自分の考え方の特徴をつかむ**ことができます。

パターンを適用する

自分の考えや世の中の事象に対して、順序立てて捉えること、論理構造を理解することができたら、それを活用して、思考速度を上げていきます。

「朝焼けは雨」という格言をご存じでしょうか。

朝焼け、つまり、朝日が昇る東の空が赤く染まっているということは、東は晴れていて、西の方が水蒸気が多い状態だと考えられる。そのため、自分がいる場所（朝日から見て西側）の天気が悪くなっていくだろう、という理屈です。

まさに、この「朝焼けだから、雨だろう」という考え方が、思考速度を上げる際のポイントです。

と言っても、やることは極めてシンプルです。**「過去の経験・知識を用いて、結論を類推する」**だけです。

ある事象（A）に対して順序や論理構造を捉えた結果、AだからB、BだからC、CだからD、DだからE、という風な関係性になっていたとします。つまり、「A↓B↓C↓D↓E」という構造ですね。

同様に、別の事象（1）に対しては、「1↓2↓3↓4↓5」。さらに別の事象（あ）に対しては、「あ↓い↓う↓え↓お」という構造があったとします。

その状態で、**新しい事象に出会ったときに、「この事象は、A、1、あ、のどれに似ているだろうか」と考える**のです。

Aに近いのならば、おそらく、その事象（A'とします）は、「A'↓B'↓C'↓D'↓E'」という流れをたどっていくのではないか、と類推することが可能です。

つまり、通常であれば、

・A'だからB'

・B'だからC'
・C'だからD'
・D'だからE'

と、4ステップで考えないといけないところですが、この考え方に則れば、

・これはAに似ている（A'である）
・だから、結論はEに似ている（E'である）

と、2ステップで完了するわけです。

この短縮効果は、物事が複雑であればあるほど高まります。

一つひとつ手順を追わなくても良いわけですから、当然、高効率で高速な思考を行うことができます（ただし、このやり方で「結論」を想像しただけでは、必ずしも正しい論理構

造で物事を考えられているとは限りません。このポイントについては、次節でご説明します）。

考え方はご理解いただけたことと思いますので、具体的な例を用いて考えてみましょう。

「知人のやっているマッサージ店が、チェーン展開を検討している」

このお話を聞いて、あなたは、どう思いますか？

多くの方は、即座に「普通にやったら失敗するのではないか」と思うはずです。

そうです。ここまで読んだあなたは、ある飲食店が多店舗展開に失敗したことを知っています。

それと同時に、どういうことに気をつければ良いのかを、想像することもできます。

・内装や各種設備などの初期投資が重すぎないか

・施術師や店長・マネージャーなどの人材は揃えられるか
・既存店に悪い影響が出ないか

などのポイントについて確認しながら進めれば、失敗のリスクが減らせそうです。

続いての例です。

「ローカル情報誌に自分のお店のことを取り上げてもらって、客数増を狙う」

さて、今度はどうでしょうか？　うまくいきそうですか？　うまくいかなさそうですか？

おそらく、多くの方は「あまりうまくいかなさそう」という印象を受けるのではないでしょうか。

先述の広告の例を思い出すと、「安易に打ち手を選んでも、期待通りの成果は得られない」と考えるのが自然です。

具体的には、

・お店に来て欲しい客層と、ローカル情報誌の読者層は重なっているか
・どういう取り上げられ方なのか。どういう特集なのか
・そもそも、課題は「認知不足」なのか

などを考えていくことになります。

特に、最後の論点が大きなポイントです。「お店のことを知ってさえくれれば、お客さんはお店にきてくれるのか」。ここをあらかじめ見極めておかなければ、どんなメディアを使って、どれだけたくさん情報を発信しても、集客につながらないリスクがあります。

「その地域の水準に比べて価格が高すぎる」とか、「大通り沿いの立地なのに駐車場がない」とか、飲食店であれば「料理が美味しくない」とか「量が少ない」とか、そうい

う課題があるのならば、集客のことを考える前に、そこを改善していくべきです。

その論点が解消され、「お店のことを知れば、きてもらえそうだ」となった上で、ローカル情報誌が適切な媒体なのか、しっかり魅力が伝わるような形で掲載してくれるのか、などを考えていきます。

例えば、観光客をターゲットにしているお店であれば、観光客がそのローカル情報誌を読むのかどうかを考える必要があります。あるいは、同じページに似たようなお店が10店20店と並ぶ中で店名と電話番号が掲載されるだけの紹介のされ方なのか、自分のお店の商品やサービスを写真なども豊富に使って紹介してくれるのかで、見込まれる効果も変わってきます。

もちろん、今回のお店がどういう店で、そのローカル情報誌がどういうものなのかがわからないので、うまくいくともいかないとも断言はできませんが、このあたりの論点を即座に並べられれば、十分「速く、深く、考えている」と言えます。

このように、**自分の経験・知識に照らし合わせて、新しい事象・物事について類推を**

行うようにすると、思考速度が速くなります。

これは、コンサルティングの現場で「仮説思考」と呼ばれるものと同じです。物事に向き合う際に、「きっと、こうなんじゃないか」という仮の答え、つまり仮説を持って考えるということです。

このように考えていこうとするならば、知識は多い方が良いです。

先ほど挙げた「A→E」「1→5」「あ→お」に加えて、「α→β→γ→δ→ε」「I→II→III→IV→V」「い→ろ→は→に→ほ」のような様々な思考パターンを理解していれば、「どれに近いか」「どれに似ているか」を考える際の選択肢が増えます。

「仕事ができる」と評価される人に、経験豊富な人が多いのは、過去の経験によって多くの知識が蓄積されているためです。活用できる思考パターンが多いのです。

一方で、**経験が多くても、これらを類型化したり、抽象的・概念的に論理構造を理解していない人は、高い評価を得られません。**応用力の有無が問われます。

「飲食店の例だから、マッサージ店に通用しない」ということにはなりません。「専門的な知識や技能が求められるスタッフを複数名抱えていて、マネジメントをしっかり行う必要がある店」という風に概念的に理解しておけば、とても幅広く適用できるはずです。

あるいは、新商品の認知獲得の話は、古い商品のリブランドや、新装開店の集客などにも適用できるはずです。**思考のショートカットを実現するためには、特定の具体例のディテールにこだわりすぎない方が良い**のです。

この**「具体例のエッセンスを抜き出して、別領域のテーマにも当てはめてみる」**をやっているかどうかが、ちゃんと考えている人とそうでない人の境目だといえます。

差分に注目する

思考のパターンを多く蓄積しておくこと、および、そのパターンを幅広く適用可能なように概念化して捉えることの重要性について、前節ではご紹介してきました。

しかしながら、それだけでは、深い思考を実現できたとは言えません。

「勘・経験・度胸」という言葉があります。「ＫＫＤ」などと言われることもあるこの言葉は、過去の経験の蓄積によって養われた勘に基づいて、「えいやっ」と度胸良く決める、という「あまり論理的ではない思考方法」として捉えられています。

そして、先ほどからご紹介している、思考パターンの適用は、この勘・経験・度胸方式になるリスクをはらんでいます。そうなってしまっては、「あいつは直感に基づいて話している」「思い込みに従って物事を考えている」と、周囲からは見えてしまいかねません。

そのような事態を避けるために、あなたがやるべきは「差分」に着目することです。

前節では、「どのように似ているのか」「似ているポイントは何か」という類似点に注目して物事を捉えてきました。そうすることで、最も確からしい仮の答え（仮説）を見出していくわけです。

しかし、その仮説の精度が高いとは限りません。そこで、**どの程度の精度の仮説であるのかを確認するために、「何が違うのか」に注目していきます。**（ある程度）似ている2つの物事の、異なる部分を確認しながら思考を進めていくわけです。


実際には、次のような手順で進めていくと良いでしょう。

まず、「これはAに似た事象、A'である」と理解します。

「A→E」に倣《なら》い、「A'→E'」となるはずなので、「これは、E'という結論になりそうですね」と伝える。ここまでが、前節の内容ですね。

そして、その上で、**「なぜならば」と、その理由の説明を始めます。**説明しながら、自分の思考パターンに沿って、再度考えていくのです。

「これは、E'になると思います」

「なぜならば、A'が、B'になって、C'になって、D'になって、E'になりますよね」

と思考手順を追いながら説明していくわけです。

このとき、最初の仮説が正しかった場合には、論理破綻《はたん》が起こりません。最後まで、何の問題もなく説明ができます。つまり、話しながら、仮説の正しさを検証したことになります。

説明の途中で論理破綻があると気づいたら、「あ、間違っていますね」と認めてしまいましょう。間違った仮説に固執《こしつ》する必要はありません。むしろ、固執してはいけません。

あらためて、手順を追ってその場で考えていきましょう。

レストランも値上げで利益を増やせるか?

具体的なイメージをつけるために、温泉旅館の話を振り返ってみましょう。あの例は、単価向上によって客数を減らしたものの、しっかりと利益を向上させたという話でした。

では、この思考パターンを「レストラン」に適用して考えてみます。

お題：あるレストランにおいて、利益向上を考えている。何を行うべきか。
初期仮説：温泉旅館で成功した例があるので、サービス改革を伴う単価アップを試みてはどうか。

論理展開の前提情報：
・値上げすることで、利益率は大きく改善する
・利益率向上により、多少の客数減は許容できる

ということになります。では、これを順を追って説明してみましょう。

「別の業種ではありますが、大幅なサービスの向上による単価アップを行い、利益増を実現させた例がありました。レストランにおいても、単価増が効果的ではないかと思います。

まず、単価向上により、利益率が改善します。レストランの利益率は30％程度かと思いますので、10％の単価向上は利益を3割以上押し上げます。そのため、客数が1～2割減っても、利益を増やすことができそうです。

あるいは、いっそ30％の単価向上ができるならば、客数を半分に減らしても現在と同等の利益を生み出すことができるのではないかと考えます」

と、ここまで読んで、違和感を覚えた方は慧眼《けいがん》です。そうです。この論理展開には無理があります。そこで、方向転換です。

「が……やはり、少し難しい部分がありますね。

何もしないで単価を上げられるわけではないので、やはり品質向上を行っていくことになります。飲食業の場合、単価を上げると原価も上がり、結局は利益率が以前と同じ程度にとどまってしまう可能性が高いですね。

そうすると、別の手段を考えた方が良いということになります」

と、間違いを認めた上で、考え直します。

「……単価を上げるというアイデア自体は悪くないと思うのです。商品単価を上げるのではなく、もう一品頼んでもらうことによる客単価向上を狙うというのはどうでしょうか。

お店のオペレーションへの影響も考えると、調理の手間がかかるものは避けたいところです。デザートやアルコール飲料などの、ほぼそのまま出せるものが良さそうです。可能ならば、それらは日持ちがするもの、デザートなら、例えばアイスクリームなどが良いのではないですかね。アルコールも瓶のまま提供するスタイルにすると提供作業が楽ですし、洗い物も増えません。

実現に向けて、単価がある程度とれて、日持ちがするものをリストにしてみるのも良いかもしれませんね。ハーゲンダッツやレディーボーデンなどの高級アイスでしょうか。ビールもクラフトビールを導入してみるのはどうでしょう」

これは、今、この原稿を書きながら、まさに考え出した話ですので、いろいろ穴があるなとも思うのですが、現実にこういう方向転換が求められたとすると、こんな具合になるのではないでしょうか。

ちなみに、単価アップにこだわらないのであれば、

・回転率を上げて客数を増やす
・ランチから夜まで通し営業にして営業時間を増やす（＝客数を増やす）
・反対に、客数が少ない曜日や時間帯は店を閉めてしまう（＝アルバイトの人件費・光熱費を減らす）
・廃棄ロスを減らすことで原価低減を狙う（余った食材は「ちょい飲みセット」としてビールと一緒におまかせのおつまみとして出す、など）

といった打ち手も思いつきます。

いずれにしても、大切なのは、**最初に考えた「仮説（仮の答え）」に固執しすぎないこと**です。私たちが目指すべきは、深く、正しく考えることです。

お気づきの方も多いでしょうが、これは、実際に思考が速くなっているわけではありません。考えるプロセスを開示して、考えながら自分の脳内を説明しているに過ぎません。

最初に「こうではないか」という仮説を出し、それに対して「なぜならば」と理屈を説明していき、間違っていたら、途中で方向転換をする。それだけのことです。

しかし、この最初の「こうではないか」が出てくるまでの時間が短く、また、その精度が高い（つまり、順を追って仮説を検証した結果、そんなに大きく間違っていない）場合には、周囲からは「この人は、素早く深く考えている」という風に見えます。

つまり、**間違う可能性が高いならば、こんなことはやらない方が良い**のです。

これはあくまでも「応用編」です。できないうちに、無理にやる必要はありません。

最初のうちは、手順に従って、しっかり考えていきましょう。そして、考える力がしっかり身につき、言語化能力も十分に高くなってから、この「思考のショートカット」に挑戦していただくことをおすすめします。

図4-1 思考のパターンを当てはめることで、思考の速度を上げられる

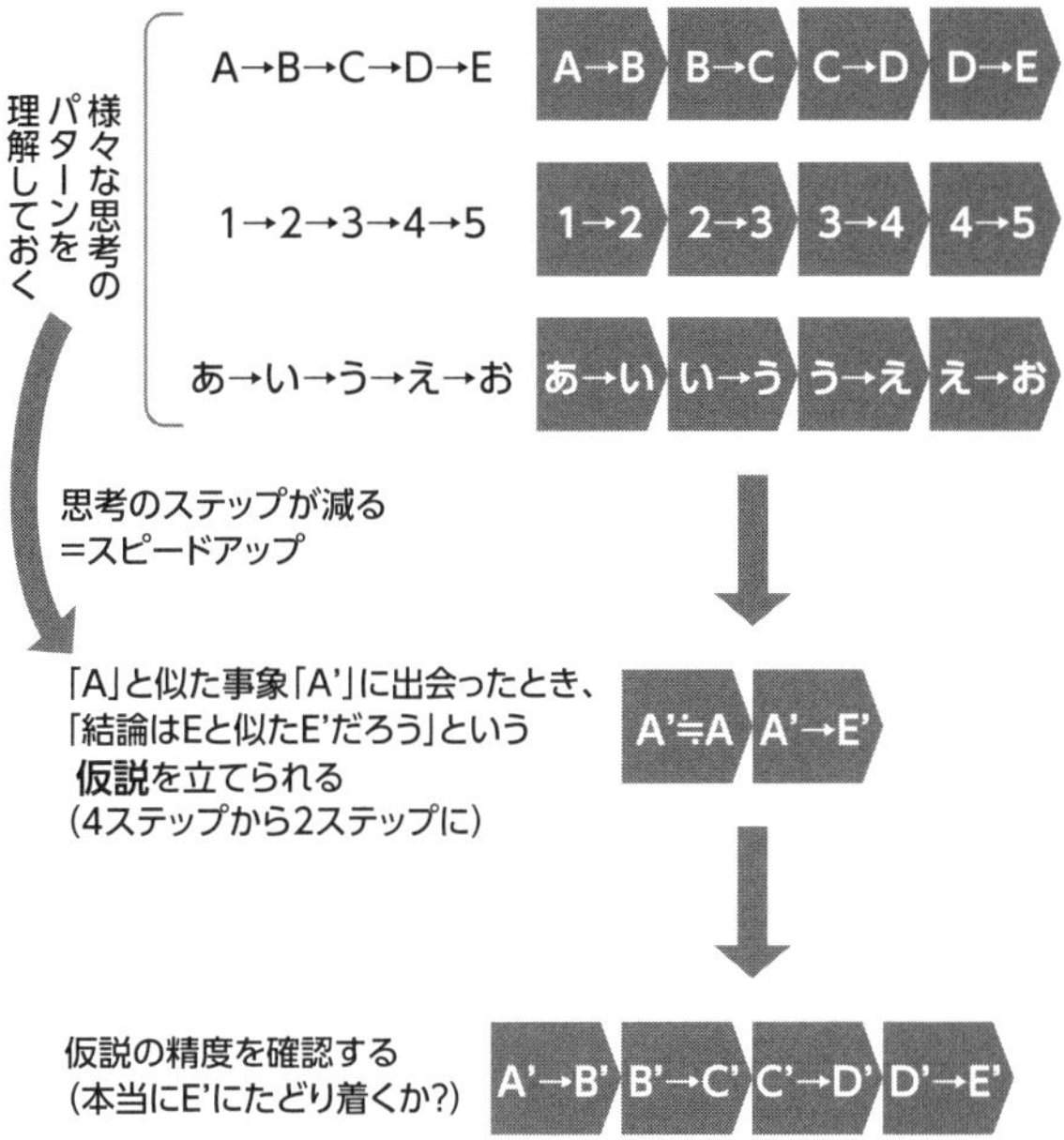
様々な思考のパターンを理解しておく
A→B→C→D→E
A→B
B→C
C→D
D→E
1→2→3→4→5
1→2
2→3
3→4
4→5
あ→い→う→え→お
あ→い
い→う
う→え
え→お
思考のステップが減る
=スピードアップ
「A」と似た事象「A'」に出会ったとき、
「結論はEと似たE'だろう」という
仮説を立てられる
(4ステップから2ステップに)
A'≒A
A'→E'
仮説の精度を確認する
(本当にE'にたどり着くか?)
A'→B'
B'→C'
C'→D'
D'→E'

第5章

相手のことを考えながら、伝える

相手のことを考える

ここまでの章では「考える」という行為について、考えてきました。自分自身と向き合い、深く思索を巡らせる。考えるとは、自分との対話です。言うなれば、**自らを「インプットをアウトプットに変える装置」と捉える**作業です。とても孤独な営みです。

しかしながら、人間は社会に属して生きています。いくら深く考えて、いくら真理を見出そうとも、その**アウトプットを自分の外側、すなわち社会・組織・コミュニティーに対して発信しないことには、思考の価値は顕在化しません。**

せっかく考えた結果を、誰かに話したり、文章や図などの形で誰かに見せたり、大勢《おおぜい》の前でプレゼンテーションや講演をしたりすることが必要になるわけです。

そのため、本章では「誰かに伝える」ということに焦点を当てて解説していきます。

誰かに伝える、ということを考える際に、最も大切なことは「相手のことを考える」

です。相手がどういう人で、相手が何を欲しているのかをしっかりと考える。その上で、相手の人に、何をどのように伝えていくべきかを考える。こうしたことが重要になってきます。

「伝える」に際して、どのようなことに気をつけていくべきか、3つのポイントをご紹介します。

ポイント❶ ひとりよがりにならない

相手のことを考えるときの基本のキは、「ひとりよがりにならない」ことです。

人は、どうしても自分を中心に物事を捉えてしまいます。こんなに深く考えたのに、こんなにしっかり資料にしたのに、どうして相手はわかってくれないのか。そういう気持ちを持つのは自然なことです。

しかし、相手の立場からしてみれば、「突然、呼び止められたが、いったい何の話なのかわからない」「前にも似たような話をしていたが、正直、よく覚えていない」「その話を聞いて、僕に何をして欲しいのだろうか」という風に感じているかもしれません。

こうした状態にならないようにするためにも、自分中心から抜け出しておくことが必要です。


また、経験の浅い方が感じがちな不満として、「なぜ、同じことを言っているのに、自分が言うと駄目で、あの人が言うとオーケーなのか」というものがあります。

これは、誰もが一度は感じることです。そして、今は問題なく話を通せる「あの人」も、まず間違いなく、昔は話を通せなかったはずです。

この壁を乗り越えるポイントが、ひとりよがりからの脱却です。


ひとりよがりの状態で、相手に何かを伝えようとすると、聞き手は不安になります。

「この人は、こちらがどの程度理解しているか、わかっていないんじゃないか」

「唐突に結論をぶつけてきたけど、前提がよくわからないので良いも悪いも判断できないな」

「これは意見を求められているのかな？　黙って聞いていれば良いのかな？」
というような気持ちの人は、話を聞ける状態にありません。
ここで大切なのが、相手との信頼関係です。

「考えた順番」ではなく「相手が知りたい順番」で伝える

話を聞いてもらえる人、話を通せる人は、相手から信頼されている人です。

信頼は、一朝一夕で形成されるものではありません。時間をかけて、関係性を構築していった結果、「話を聞いてもらえるようになった」のです。

決して、その人が、社会的地位のある偉い人だから、有名人だから、ということではありません。むしろ、そんな理由で相手を信頼してしまうのは、聞き手の側に問題があると言えます。

ただし、社会的地位のある人、有名人の中には、華々しい実績を持っている人が多いため、その実績が信頼を作ることはあります。

例えば、10万人の受験生を有名大学に合格させた塾講師と、新任の塾講師が、「大学受験のコツ」について全く同じことを言っても、聞く方の気持ちは違うでしょう。

とはいえ、新任の塾講師が現役東大生だということになると、少し話を聞いてみようかなと思う人も出てくるかもしれません。

これが、実績の力です。


しかしながら、これはあくまでも例外的な話です。一般的には「実績で勝負する」という場面は少ないでしょう。したがって、私たちが為すべきは、**時間をかけて信頼関係を構築していく**ことです。


職場の上司や先輩はお客さんに話を聞いてもらえるが、自分は聞いてもらえない。先輩の話はうなずきながら聞いている上司が、自分の話になると腕組みをして口をへの字にして納得してくれない。そういう場面で、悔しい思いをした人も多いことでしょう。

しかし、お客さんと何十回も打ち合わせを重ねて、そのたびに、いろんな悩み事や困りごとを共有してきた上司や先輩と、今日、初めてお客さんと顔を合わせた自分では、相手からの信頼が違います。

あるいは、いろいろな仕事の現場で、苦楽を共にしてきた上司と先輩。先輩は、上司からたくさんの指導も受けたでしょうし、それを吸収して仕事上の成果を生み出してきたはずです。その先輩が言っていることを、上司が信頼して受け止めるのも当然のことです。

逆の立場に立ったら、あなたもきっと同じ態度を取るはずです。

10年前からお世話になっている先輩と、たった今、路上で声をかけてきた人。あなたは、どちらの話を真剣に聞き入れるでしょうか。

一方、そうして路上で声をかけてきた人と、何だか気があって仲良くなり、何年もの付き合いを重ねていったとすると、その人の話を聞く土壌ができあがっていくはずです。

今、あなたと相手の間に信頼関係がない、相手からの信頼が薄いのであれば、まずは、

そのことを自覚するところから始めましょう。

その上で、信頼を積み上げていくためには、ひとりよがりで「相手がわかってくれない」と思うことをやめ、**相手が求めるものを理解することが大切**です。

相手が、何を欲しているのか。どういう気持ちなのかを考えましょう。

特に、自分の考えた順番で話すのは、あまり得策ではありません。

これまで、いろいろな「考える手順」についてご紹介してきましたが、その手順はあくまでも「自分との対話」のための手順でした。その際に、あなたがどういう風に考えていったのかという経緯は、説明を受ける相手にとっては、さして重要なものとは言えません。

相手が知りたいことを、知りたい順序でお伝えしていくように心がけるべきです。

言いたいことを伝えるのではなく、相手が何を知りたいかを推《お》し量《はか》るようにしましょう。

一方的に話しすぎず、相手から聞くことにも力を注ぎましょう。

相手からの質問には、しっかり答えていきましょう。

その結果、話したい順番と違ったり、横道に逸《そ》れていったりしても、気にしてはいけません。中長期的な関係性を築くことを目指して、信頼を少しずつ積み上げていくのです。「何を言うか」はもちろん大事ですが、「誰が言うか」も大事だからです。

深く考えた結果導き出された「正しいこと」を言ってさえいれば、それで良いというものではないのです。

ポイント❷ ホウレンソウは最強のコミュニケーションツール

前節では、自分の考えを相手に理解してもらうためには、信頼関係を構築することが大切だと述べました。

仕事の現場、特に社内の関係性においては、「ホウレンソウ」をうまく活用することが、信頼構築の近道です。

ホウレンソウ、すなわち、報告・連絡・相談はいずれも、自分の持っている情報、自分の考えた結果を、相手に受け渡す作業です。

報告は、上司や先輩に判断を仰《あお》いだり、何らかの承認をもらおうとしたりするときに行います。3つの中では最も公式な情報連携方法です。

連絡は、情報共有です。知っておいてもらう、認識しておいてもらう、ということで、「聞いていない」「知らない」などと言われてしまうリスクを抑える効果も期待できます。

相談は、相手からの助言やアドバイスを引き出すのに有用です。こちらから情報を渡すだけでなく、相手の脳みそを借りて、こちらのインプットを得るわけです。

このように、それぞれ目的やシーンが異なりますので、それらをうまく使い分けていくことで、相手からの信頼を得やすくなります。

その観点で見たときに**特に重要なのが、相談**です。**最大のポイントは「途中経過」を共有することです。**

報告と言われると相手は身構えます。内容を聞いて判断を迫られるのではないかと感じます。ひと言ふた言を聞いた時点で、NOという答えを思い浮かべてしまうかもしれません。そうなると、信頼構築どころか、話の内容さえも耳に入らずに終わってしまいます。

一方、相談であれば、相手は「アドバイスをする」という姿勢になります。そして、アドバイスをするために、あなたの話を聞いてくれます。あなたが何を考えているのか。そこにはどんな理由があり、どんな論理構成なのか。その理由に違和感はないか。論理に矛盾は含まれていないか。そもそも、モレている前提知識が存在しないか。そういうことを考えるモードになります。

もちろん、連絡も大切です。情報をこまめに伝えていくことで、信頼を築けます。進捗《しんちょく》が思わしくないとか、何か問題が起こりそうだとか、そういうネガティブな情報も積極的に伝えましょう。そうすることで相手が「知らない」「聞いていない」と言えなくなります。言い方は悪いかもしれませんが、一種の「共犯者」になり、仲間として、共に問題に立ち向かってくれるようになります。

とはいえ、仕事においては、連絡や相談だけでなく、報告をしないといけないタイミングがもちろんあります。ただし、仕事上のコミュニケーションであれば、多くの場合、報告を行うタイミングは数日~数週間先になります。

何かを依頼されたり、何かの仕事をすると宣言してから、何日間も何の連絡もなかったら、上司や先輩はどのように感じるでしょうか。おそらくは「ちゃんと問題なく進んでいるのだろうか」「もしかしたら、忘れてしまっているのではないか」と不安な気持ちを抱えることになります。

ですから、そうなる前に相手に情報を渡すのです。できるだけ早いタイミングが良いでしょう。また、1回だけで終わらず、複数回、連絡や相談を行うことをおすすめします。もし可能ならば、**定期的に相談する時間を、あらかじめ確保しておく**のも良案です。

進み具合が順調であっても、そうでなくても、定期的に情報が入ってくれば、上司や先輩は安心します。何か問題があったならば、早いタイミングで方向修正を指示することもできます。

連絡・相談は考えを深めることにも役立つ

こまめな連絡・相談は、考えを深めることにも大いに役立ちます。

主要な効果は、

1. 自分の考えが整理される
2. 知らない知識や観点を得られる

の2つが挙げられます。

誰かに連絡しよう、相談しよう（あるいは、報告しよう）、と思うならば、まずは「何を伝えるのか」を考える必要が出てきます。**誰かに伝えるための「準備」として、頭の中にある考えを文章や図という形でアウトプットし、それを客観的に眺めることで、矛**

盾や過不足に気づくことができます。悶々《もんもん》とひとりで思い悩んでいても、あまり良いことはありません。自分との対話で煮詰めてきた考えを、一度自分の外側に吐き出すと、頭の中がすっきりし、自分の考えをブラッシュアップすることができます。

加えて、相談相手の脳を借りることによって、自分の考えに新しい視点を追加することができます。

ひとりで物事に向き合っていると、どうしても、盲点《もうてん》ができてしまいます。毎朝、通勤・通学などで同じ道を通っているのに、通り沿いのお店の存在に気づかなかったり、裏路地に入る小道に気づかなかったりするのと同じです。毎日、当たり前に見ているものには、思いがけない見落としが発生しているものです。**何度も繰り返し考えた、何度もチェックした、と思っていても、誰かに話すと、「あ、ここに穴があるね」「それ、何か勘違いしてない？」などの指摘を受けるものです。**傍目八目《おかめはちもく》とはよく言ったものですよね。

また、上司や先輩となると、当然ながら仕事についての経験・知識が豊富です。そのため、自分の知らなかった知識や、物事の捉え方などを教えてくれる可能性も高いと言えます。

相手との信頼関係を築きつつ、相手の意見をもらうことで思考を深めることもできる。まさに一石二鳥の方策が、高頻度での連絡・相談なのです。

ポイント③ 説得しようとしない。納得してもらう

自分の考えを相手に伝える、という場面で、やってはいけないことは「説得しようとする」ことです。

相手を説き伏せて、こちらの思い通りの意思決定をしてもらおうとすると、相手は反発します。そもそも最初から考えが同じであれば、説得が必要な場面になりません。**説得を試みようと思う時点で、利害関係がぶつかっていて、簡単には合意に至らないシチュエーションだと言えます。**

もちろん、仕事の現場においては、相手に商品を買ってもらいたいとか、契約をしてもらいたいとか、そういう状況は存在します。しかしながら、相手をこちらの思い通りに動かすことは、どうしたところで無理な話です。

ここで重要になるのは、たとえ最終的な結論・意思決定がこちらの望み通りにならないにしても、**「こちらが考えていること」について、しっかりと理解してもらい、納得してもらう**ことです。

説得は感情に訴えかけることも検討する必要がありますが、納得は論理で作れます。

・こういう理由で、この2つのサービスのうち、こちらの方が御社に適している。
・これこれこういうわけで、この企画を推進していくことが望ましい。
・この機能とこの機能がとても使い勝手が良いため、値段がこれだけ上がる。

などのように、理由や根拠が明確になっていれば、相手の「納得」は得られます。論理的におかしな点がなければ、相手は「あなたの言っていることはわかる」という立場になります。まずは、そこを目指しましょう。

そもそも、納得していない状態で、説得されるわけがないのです。

話の論理的な構造を理解し、納得した上で、それでも、こちらの考えに同意してもらえない、こちらのおすすめ案を選んでもらえないということになるのならば、そこには、何か別の理由があります。

企画であれば、自社のほかの事業とコンフリクトが発生するとか、法的に問題があるとか、同様の企画で過去に失敗したという経緯があるとか、そういった事情があるのかもしれません。

営業であれば、他社と複数年契約をしているので乗り換えたら違約金がかかるとか、親会社などとの取引関係で契約を切り替えられないとか、商品やサービスの良さでは解消できない問題を抱えているのかもしれません。

そういう事情や理由は、それはそれでしっかりとヒアリングして、打ち手や対策を考えるためのインプットとしていきましょう。前節でご紹介した「相談」と同様に、相手から得られる情報は、より深く考えたり、思考の枠組みを広げたり、切り口を変えてみたりする役に立ちます。

繰り返しになりますが、いきなり説得しようとしてはいけません。そういうスタンスで話し始めてしまうと、相手が交渉のテーブルの向かい側に座ってしまうことになります。

目指すべきは、となりに座って同じ方向を向き、同じ課題に共に立ち向かっていく、というような関係性です。

納得と説得は、理解と共感に置き換えても良いでしょう。仕事上の付き合いではない友人関係などにおいては、説得するというシーンが少ないので、「無理に共感を得ようとせずに、話を理解してもらうように努める」と表現した方が、イメージをしやすいかもしれませんね。

子供の教育方針や長期休暇の過ごし方、記念日のプレゼントやレストラン選び、目指すべきキャリアパス、資産運用のあり方など、夫婦や親子、友人や同僚などといろいろな「考え」について話す機会があるでしょう。

そこで、**「共感」を得ようとしすぎるのは、あまりおすすめできません。最初に目指すべきは、話の内容、あなたの考えを「理解」してもらうことです。**論理的に正しい。そういう考え方もある。そんな風になれば、たとえ共感してもらえなくても、相互理解が深まります。

お互いの考えていることをしっかり理解できれば、全く同じ結論に至らなくても、お互いに譲れる部分が見つかりますので、ちょうど良い落とし所を探すことができます。

自分自身が深く考え、一つの答えを見出したと自信を持てるときこそ、相手の立場を想像し、ひとりよがりにならないように気をつけながら「内容を理解してもらう」ように努めましょう。

おわりに

深く考える、しっかりと考える。

仕事をしていく上で、これは、極めて重要なことです。

どんな仕事に従事していても、しっかりと考えているかどうかで、得られる成果が変わります。


そして、考えることは、仕事だけではなく、人生においても大切です。

世の中には、情報が溢《あふ》れています。正しい情報もあれば、誤った情報もあります。根拠が曖昧なものもあれば、明確な論理によって組み立てられているものもあります。

これらの情報に向き合うときに「考える技術」を身につけているかどうかが効いてきます。

考える能力が鍛えられていない人は、信じたいものだけを、信じたいように、信じます。これは、「誰かがあなたに信じさせたいことを、そのまま信じてしまう」という結果につながります。

つまり、商品を買わせたい、サービスの契約をさせたい、組織に参加させたい、そういう意図に踊らされてしまうおそれがあります。

誰かが何かを言っている。それはそれで、一つの意見であり、一つの考えです。しかし、それは、あなたの考えではありません。あなたは、あなたの考えを持つべきです。そして、そうして生み出された「あなたの考え」に対しても、常に多面的に捉える姿勢を保ち、常に論理構造を確認しながら、アップデートしていくべきです。

考えることは、あなたの人生を豊かにしてくれます。

考えることは、未知のものに向き合い、より良い選択をするための非常に有効なツールです。

私が「考える」ということと真剣に向き合ったのは、コンサルティングファームに転職した26歳のときでした。

それまでの私は、（もちろん脳みそを使ってはいましたが）「考える」ということを意識できていませんでした。頭の中に浮かんだことを、考えた結果だと思い、それを疑うこともしませんでした。

しかし、考えることを仕事にし、考えた結果をクライアントや上司、先輩、同僚にしっかりと伝えることを求められたときに、いかに自分が考えられていないのかを思い知りました。

私自身が、「多少なりとも考えられるようになった」と感じたのは、30歳に近づいたころです。

自分が、どのような論理構造でその結論を導いたのかを、言語化し、図示することができる。それにより、仕事上のコミュニケーションが捗《はかど》り、クライアントや社内での評価も得られるようになりました。

その後、起業の道へと進み、創業役員として関わっている企業の上場にも漕《こ》ぎつけました。

会社経営においても、コンサルティングプロジェクトにおいても、日々、やったことがないこと、知らないことにたくさん出会います。そうしたものを、素早く理解し、課題を見つけ、解決策を導き出し、対応する。そういうことに、これまで培《つちか》ってきた考える力がとても役立っています。


本書は、私が苦労して身につけてきた「考える技術」を、文章の形でまとめたものです。いろいろな本を読み、たくさんの先輩方に教えていただき、多種多様なコンサルティングプロジェクトに従事する中で、少しずつ体系化を進めてきたものです。

こういうものは跳《と》び箱や鉄棒の逆上《さかあ》がりと同じです。コツがあります。しかし、最初からある程度できる人もいれば、なかなかうまくこなせない人もいます。そして、最初からできる人は、どうすればできるようになるかを明確に表現することができません。なぜなら「自然とできる」からです。

私は、とても苦労したために、長きにわたって「考えること」と向き合ってきました。だからこそ、この本に書かれた内容は、考えることが苦手な人が、考えられるようになるために、多少なりともお役に立てるのではないかと思っています。

本書が、皆さんが「考える技術」を身につけるための一助となり、そして、それを仕事の成果を生み出すため、あるいは、より豊かな人生をお過ごしいただくためにご活用いただければ幸いです。

田中 耕比古（たなか・たがひこ）
株式会社ギックス取締役／共同創業者
1977年生まれ。2000年、関西学院大学総合政策学部卒業。商社系SI企業に入社。米国ソフトウェアベンチャーへの技術研修員派遣により、サンフランシスコ勤務。2004年、アクセンチュア株式会社戦略グループ入社。通信業、製造業、流通・小売業などの多様な業界の事業戦略立案からSCM改革、業務改革に至るまで、幅広い領域での戦略コンサルティングプロジェクトに参画。2011年、日本IBM株式会社入社。ビッグデータのビジネス活用を推進。2012年、株式会社ギックス設立。取締役に就任。戦略コンサルティングとデータ分析を融合した、効率的かつ実効性のあるコンサルティング・サービスを提供。2022年、東京証券取引所マザーズ市場（現・グロース市場）に新規上場。著書に『一番伝わる説明の順番』（フォレスト出版）などがある。

PHP
Business Shinsho

図版作成：桜井勝志

PHPビジネス新書 456

思いつきを価値あるアウトプットに変える
思考の手順

2023年3月29日　第1版第1刷発行

著者　田中耕比古
発行者　永田貴之
発行所　株式会社PHP研究所
東京本部　〒135-8137　江東区豊洲5-6-52
ビジネス・教養出版部　☎03-3520-9619（編集）
普及部　☎03-3520-9630（販売）
京都本部　〒601-8411　京都市南区西九条北ノ内町11
PHP INTERFACE　https://www.php.co.jp/
装幀　齋藤　稔（株式会社ジーラム）
組版　有限会社エヴリ・シンク
印刷所　大日本印刷株式会社
製本所　東京美術紙工協業組合

ISBN978-4-569-85395-6

「ＰＨＰビジネス新書」発刊にあたって

わからないことがあったら「インターネット」で何でも一発で調べられる時代。本という形でビジネスの知識を提供することに何の意味があるのか……その一つの答えとして「**血の通った実務書**」というコンセプトを提案させていただくのが本シリーズです。

経営知識やスキルといった、誰が語っても同じに思えるものでも、ビジネス界の第一線で活躍する人の語る言葉には、独特の迫力があります。そんな、「**現場を知る人が本音で語る**」知識を、ビジネスのあらゆる分野においてご提供していきたいと思っております。

本シリーズのシンボルマークは、理屈よりも実用性を重んじた古代ローマ人のイメージです。彼らが残した知識のように、本書の内容が永きにわたって皆様のビジネスのお役に立ち続けることを願っております。

二〇〇六年四月

ＰＨＰ研究所